Li-Hong Koblin
Sabine H. Weber-Loewe

Teezeit

DRACHENHAUS
VERLAG

„....dieses Getränk ist Tau,
der leicht und lind vom Himmel fällt.
Ihr nennt es Tee!“

ANONYM, SONG-DYNASTIE

Die Welt des Tees ist riesig, sie erstreckt sich über die ganze Erde. In vielen Ländern wird seit Jahrhunderten Tee angebaut. In China, Taiwan, Japan, Indien – aber auch in Vietnam, Nepal, Sri Lanka und sogar in Kenia und Malawi. Und getrunken wird er auf der ganzen Welt. Tee ist nach Wasser das meist konsumierte Getränk auf diesem Planeten.

Weltkarte des Teeanbaus

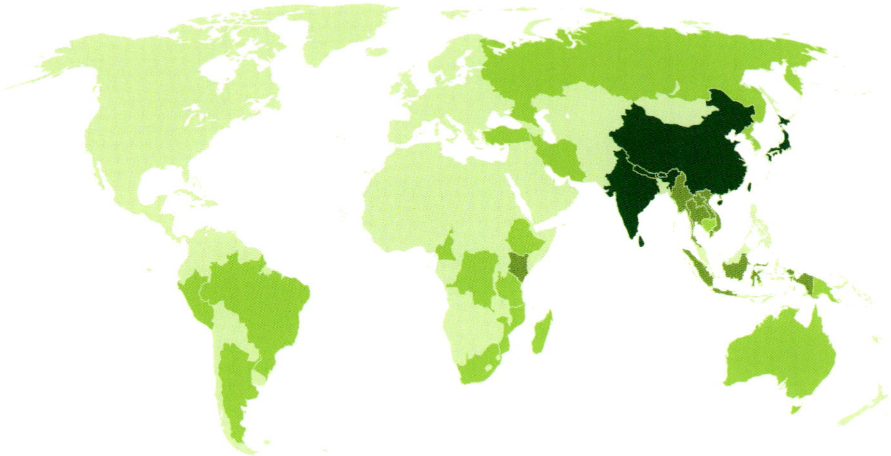

- Länder mit hoher Teeproduktion und hohen Tee-Exportmengen
- Länder mit relativ hoher Teeproduktion/ Tee-Export und/ oder großer Bedeutung für den Teeanbau
- Länder mit geringer Teeproduktion/ Tee-Export und/ oder geringer Bedeutung für den Teeanbau

Tee löscht den Durst, Tee regt Körper und Seele an, Tee kann den Geist beruhigen, Tee ist förderlich für die Gesundheit, Tee kann zu jeder Tageszeit genossen werden, schnell aufgebrüht im Beutel, als lose Blätter in einer schönen Kanne oder feierlich zubereitet in einer Teezeremonie.

Tee ist in vielen Nationen Teil der Alltagskultur. In Russland gehört ein Samowar in jeden Haushalt, England ist ohne nachmittäglichen High Tea nicht denkbar, ein Ostfriese wäre ohne seinen kräftig-dunklen Schwarztee mit „Kluntje“ und „Wölkje“ ein sehr unglücklicher Ostfriese.
In vielen asiatischen Ländern hat Teetrinken zudem einen tiefgreifenden sprituellen Hintergrund. So ist in Japan Tee elementarer Bestandteil des Zen-Buddhismus. Und in China gilt der Tee als kulturelles Symbol mit dem innere Einkehr und Spiritualität verbunden wird.
Wo also anfangen und wo aufhören, wenn man sein Wissen über Tee und seine Freude am Tee weitergeben möchte?

Die Geschichte des Tees beginnt in China. Tee wurde dort bereits vor 5000 Jahren als Heilmittel genutzt und wird seit vermutlich 1800 Jahren kommerziell angebaut. Wir sind ein chinesisch-deutsches Autorinnen-Team. Deshalb konzentrieren wir uns in diesem Buch auf das Heimatland des Tees – auf China. Auf die chinesische Teevielfalt, die chinesische Teekultur und die chinesische Teephilosophie, das „Cha Dao" – den „Tee-Weg". Auf diesem Tee-Weg geht es nicht darum, zum Tee-Experten zu werden, sondern man sollte seine eigenen Tee-Erfahrungen machen können. Denn: „Der Weg ist das Ziel". In der lebenspflegenden chinesischen Kultur gilt Tee als ein Getränk der Reinheit, ein Heilmittel der Natur und als ein Weg, um zu Ruhe und innerem Frieden zu gelangen.

Wie wird Tee in China zubereitet, getrunken und in den Alltag integriert? Welche charakteristischen Teesorten gibt es, wie wird Tee hergestellt und wo wird er in China angebaut? Wie finde ich „meinen" Tee?
Was sind die wichtigen Aspekte, um Tee auf einer guten geschmacklichen und seelischen Ebene zu erfahren? Welche gesundheitlichen Vorteile bietet der Tee?
Welches Zubehör gibt es zur Teezubereitung? Was lohnt sich anzuschaffen? Wie erkenne ich die Qualität einer guten Teekanne? Und was hat es mit der berühmten chinesischen Teezeremonie auf sich?

Mit diesen Fragen beschäftigt sich auch Lena, eine junge Deutsche in Peking, oder auf Chinesisch „Beijing". Sie lernt den Teemeister Lin kennen, er zeigt Lena die Welt des chinesischen Tees. Begleiten Sie Lena auf ihrer Reise in diese Welt.

Dieses Buch bietet Ihnen einen tiefen und persönlichen Einblick in die chinesische Teekultur, mit vielen leicht umsetzbaren Ratschlägen für ein gutes Teeerlebnis. Ein erzählerisches, gut verständliches Buch für jeden, der die chinesische Teekultur besser kennenlernen und „seinen" Tee noch mehr genießen will.

Wir möchten Ihnen mit diesem Buch helfen, die Tür zur Welt des Tees aufzustoßen.
Hindurchgehen dürfen Sie dann selber.

Li-Hong Koblin
Sabine H. Weber-Loewe

„Nur im März und April, frühmorgens,
wenn die winzigen Blattknospen sich entfalten,
unter hellem Himmel,
nicht an regnerischen Tagen und wenn Wolkendunst die Bergkuppe verhüllt,
soll geerntet werden.

Die besten Blätter sollen faltig sein wie die Lederstiefel tatarischer Reiter,
gekräuselt wie die Wamme eines mächtigen Bullen,
entfaltet wie der Nebel, der einer Bergschlucht entsteigt,
schimmernd wie der See, den ein Windhauch berührt
und weich wie feine Erde, die eben der Regen benetzt hat."

LU YU (733-804) IM „CHA JING"

第一章 1

Dieser Duft! Nach frischen Blättern, nach Gras, nach Pflanzen riecht es. Ganz anders als erwartet. Zuhause riecht es in den Teeläden nach süßen Aromen und Früchten.
Schummrig ist es hier, angenehm kühl und herrlich ruhig. Der geschäftige Lärm Beijings bleibt draussen vor der Tür. Dunkle Holzregale, dicht bestückt mit goldenen Metalldosen, braunen Tongefäßen und bunten Verpackungen, beschildert mit Etiketten in chinesischen Schriftzeichen. Mitten im Raum eine große schwere Theke aus dunklem Holz mit blank polierter Oberfläche. Darauf allerlei Utensilien zur Teezubereitung, Tabletts und Teegeschirr und eine große dunkelgrüne Pflanze, die von einer darüber angebrachten Lampe angestrahlt wird. Sie steht in einem schönen Porzellantopf mit weiß-blauem, chinesischem Muster.
„Guten Tag, was darf ich für Sie tun?" Aus der Tiefe des Raumes tritt ein Mann mittleren Alters in einer weißen, chinesischen Jacke an die Verkaufstheke und spricht mich auf Englisch an.
„Ah, Guten Tag! Ach, eigentlich will ich mich nur mal umschauen".
„Gerne, schauen Sie sich in Ruhe alles an. Und fragen Sie mich, wenn Sie Fragen haben".
„Sagen Sie, diese Pflanze hier – was ist das denn? Ist das eine Teepflanze?"
„Ganz richtig, das ist eine Teepflanze, eine *Camellia sinensis*."
Ich schaue mir die Pflanze näher an. Sie hat kräftige, große, dunkelgrüne Blätter, an manchen Zweigen ganz oben hellgrüne, zarte, zum Teil noch zusammengerollte Blattsprossen. Eine schöne Pflanze. Unwillkürlich muss ich an ihr schnuppern, aber da gibt es natürlich nichts zu riechen.
„Noch ist das kein Tee", erklärt mir der Chinese, „aber aus diesem Gewächs wird der spätere Tee gemacht."
„Das ist ja interessant. Also, ich muss zugeben, ich habe eigentlich nicht so viel Ahnung von Tee."
„Möchten Sie denn mehr über Tee erfahren? Dann sind Sie hier genau am richtigen Ort. Willkommen in meinem kleinen Teeladen. Ich bin Lin Zhi, aber die Leute hier nennen mich alle Meister Lin."
„Lena Ludewig, aus Deutschland, sehr erfreut."
„Oh, Sie kommen aus Deutschland! Dann können wir deutsch miteinander sprechen."
Er wechselt tatsächlich in ein sehr gutes Deutsch.
„Ich habe in Hamburg studiert. Nun, trinken Sie denn gerne Tee?"
„Oh ja, ich trinke viel Tee. Wenn ich mich mal nicht so wohl fühle, trinke ich gerne einen Kamillentee oder Pfefferminztee. Im Winter finde ich Früchtetee oder Rooibosch schön wärmend und gemütlich. Und manchmal trinke ich wochenlang jeden Abend Kräutertee."
Er lächelt, senkt kurz den Kopf, dann sieht er mich wieder an. „Das sind alles gesunde Getränke. Und ich weiß, dass die in Europa sehr beliebt sind und viel getrunken werden. Aber das finden Sie kaum in einem chinesischen Teehaus – und wissen Sie auch warum? Weil das alles strenggenommen kein Tee

ist. Nur was aus dieser Pflanze hier, der *Camellia sinensis*, gemacht wird, ist Tee im eigentlichen Sinne. Allerdings wird in vielen Ländern so ziemlich alles, was mit heißem Wasser aufgegossen wird, „Tee" genannt.
„Also, Tee wird aus dieser Camellia sowieso...",
„sinensis" unterbricht er mich, „das bedeutet: aus China stammend".
„Aus dieser Camellia sinensis also wird Tee gemacht. Und was für ein Tee? Grüner oder Schwarzer?"
„Das ist eine sehr gute Frage! Die Antwort ist: Alle Teesorten! Das wissen oftmals selbst begeisterte Teetrinker nicht, dass jeder Tee, ob grün oder schwarz, aus der gleichen Pflanze hergestellt wird, nämlich dieser hier, die vor uns steht".
„Ja aber wie kann das denn gehen? Ein Schwarztee und ein grüner Tee schmecken doch ganz verschieden und haben unterschiedliche Farben."
„Das Geheimnis, ob aus einem Tee ein schwarzer oder ein grüner Tee wird, liegt darin, was mit dem Tee nach dem Pflücken gemacht wird."
„Und was wird mit dem Tee gemacht, das so geheimnisvoll ist?"
„Ich sehe, Sie sind wirklich interessiert. Haben Sie Zeit?" Ohne meine Antwort abzuwarten, dreht er sich um und geht nach hinten: „Kommen Sie, setzen wir uns. Gerne erkläre ich Ihnen alles."
Na gut, warum auch nicht? Ich folge ihm.
Er führt mich hinter die mächtige Holztheke in einen kleinen Raum, der Ausstattung nach handelt es sich um sein Büro. Ein Tisch im traditionellen chinesischen Stil, zu beiden Seiten zwei klassische Lehnstühle, so wie es sie heute noch in manchen Teehäusern gibt. Daneben ein Beistelltischchen aus rotem Lack mit allerlei Teezubehör, Tassen, Schalen und Wasserkocher. Mit geübtem Griff räumt er den Schreibtisch frei und bittet mich Platz zu nehmen.
„Die Frage, was aus den frisch gepflückten Teeblättern wird, entscheidet sich bei der Verarbeitung. Es kommt darauf an, ob und wie der Tee fermentiert wird. Ob er gar nicht fermentiert wird, wie etwa der Grüne Tee oder ob man ihn vollständig fermentieren lässt, wie den Schwarztee.
Beim Fermentieren werden die Enzyme in den Teeblättern mit Sauerstoff zusammengebracht. Dadurch verändert sich die Struktur der Pflanze und das Teeblatt ändert seine Farbe, es wird dunkel. Das ist wie, wenn man einen Apfel anschneidet und ihn an der Luft liegen lässt. Er wird dunkel. Ein ganz natürlicher Prozess also.
Die Chinesen haben früh entdeckt, wie dieser Prozess gestartet und gestoppt werden kann und waren so in der Lage aus ein und derselben Pflanze ganz verschiedene Tees herstellen zu können."
„Ja, aber könnte ich auch einfach ein paar Teeblätter pflücken und mit heißem Wasser übergießen?"
„Oh ja. So wurde der Tee überhaupt entdeckt. Es soll nämlich der göttliche Kaiser Shen Nong gewesen

sein, der die heilende und gesundheitsfördernde Wirkung des Tees erkannte. Der Legende nach war es im Jahre 2737 vor Christus, als er mal wieder auf der Suche nach Heilpflanzen unterwegs war. Er war müde, ruhte sich unter einem Baum aus und ließ sich von einem Begleiter eine Schale mit heißem Wasser geben, was seiner Ansicht nach immer bei Unwohlsein und Müdigkeit half, und den Körper reinigte. Er nickte erschöpft mit seiner Schale in der Hand ein. Als er wieder aufwachte, bemerkte er, dass einige Blätter des Baumes unter dem er saß, in die Schale gefallen waren. Das Wasser hatte sich hellgrün gefärbt und ein betörender Duft stieg ihm in die Nase. Er kostete vorsichtig, und war überrascht von dem herben, aromatischen Geschmack. Der Aufguss erfrischte ihn und löschte seinen Durst. Nachdem er die Schale ausgetrunken hatte, fühlte er sich wach und belebt, sein Geist war klar."
„Das war dann also der erste Teeaufguss der Menschheitsgeschichte."
„So sieht es aus." Meister Lin lächelt. „Nun aber zurück zu Ihrer Frage, Lena. Das Problem bei Ihrer Methode mit den frisch gepflückten Blättern ist ja, dass man frischen Tee direkt vom Feld zur Verfügung haben muss. Und wer wohnt schon neben einem Teefeld? Er wäre ja nicht aufzubewahren und zu transportieren, die Blätter würden einfach welken und dann schmeckt das Ganze nicht mehr. Also kam man auf die Idee, die Blätter nach der Ernte in der Sonne trocknen zu lassen. Und dabei stellte man fest, dass der Tee aus diesen getrockneten Blättern besonders fein schmeckte, ganz anders als der Aufguss aus den frischen Blättern. Und lagerfähig und transportierbar war er nun auch.
Seit diesen Tagen haben Generationen und Generationen von Teebauern immer wieder experimentiert und verbessert, und so die Teeproduktion in China immer weiter verfeinert. China ist übrigens das einzige Land, in dem alle sechs Teesorten der Teefamilie produziert werden."
„Die Teefamilie? Was ist das denn?"
„So fasst man die sechs Mitglieder dieser edlen Familie zusammen, also die sechs Sorten, in die Tee aufgeteilt wird. Ein schöner Begriff finde ich. Zwei Familienmitglieder haben wir vorhin schon erwähnt: Den Grünen Tee und den Schwarztee. Dann gibt es noch den Weißen und den Gelben Tee. Außerdem den teil-fermentierten Oolong-Tee. Die Chinesen nennen ihn qing cha, das könnte man frei mit „blauer Tee" übersetzen. Und dann gibt es noch als sechstes Mitglied der Teefamilie den Pu Er-Tee, für Chinesen ist das der eigentliche schwarze oder „dunkle" Tee, weil der Aufguss so dunkel wie Kaffee sein kann. Den Tee in sechs Farben zu unterteilen finde ich recht einprägsam: Weiß, gelb, grün, rot, blau und schwarz. "
„Moment, wenn aber der Pu Er Tee als „schwarzer Tee" bezeichnet wird, was ist dann mit dem Tee, den wir als „Schwarztee" kennen?"
„Gut aufgepasst! Schauen Sie sich doch einmal diesen Tee hier an." Er nimmt einen Wasserkocher und überbrüht Teeblätter in zwei schönen Porzellanschalen mit passender Untertasse in hohem Bogen, so

dass es ein bisschen spritzt. Mit dem dazugehörenden Deckel schwenkt er die Teeblätter in der Schale ein wenig hin und her und stellt sie dann vor mich hin.
„Was ist das für eine Farbe?"
„Rötlich, würde ich sagen. Warum?"
„Diese Sorte heißt in Deutschland „Schwarztee". Merken Sie etwas? Der Schwarztee ist eigentlich rot. Roter Tee! So nennen ihn auch die Chinesen: Roter Tee."
„Das ist ja interessant. Darüber habe ich mir noch nie Gedanken gemacht, aber Sie haben recht. Schwarztee ist eigentlich rot. Die getrockneten Blätter sind schwarz, aber der Tee selber ist rot."
„Teeexperten haben dafür einen speziellen Ausdruck. Sie sagen: Er hat eine rote Tasse.
Also der Teeaufguss in der Tasse ist rot. Mit diesem Begriff kann man sehr gut die Farbe eines Tees beschreiben: Ein Tee kann zum Beispiel eine hellgelbe Tasse haben, ein anderer eine zart-grüne, der nächste eine leuchtend-orange. – Aber nun kosten Sie mal Ihren *Roten Tee*."
Vorsichtig hebe ich die Schale mitsamt der Untertasse an und schaue auf den rot-orangenen Aufguss und die sich nun langsam auseinanderfaltenden Blätter. Als Meister Lin den Tee aufgegossen hat, war der Tassenboden grade eben mit den hellbraun-goldenen Teenadeln bedeckt, jetzt ist die Tasse fast voll mit großen kräftigen Blättern.
Der Tee duftet irgendwie süßlich, nach Marmelade. Ich puste über die Oberfläche und nippe vorsichtig. Und noch einmal und dann ein kräftiger Schluck, den ich erst im Mund behalte und dann langsam runterschlucke. Ich habe keine Ahnung, ob man das so macht, aber beim Wein kann ich auf diese Weise am besten die Aromen entdecken, warum also nicht auch beim Tee?
„Und?", Meister Lin schaut mich erwartungsvoll an.
„Naja, ein bisschen süß, ein bisschen wie Karamell. Irgendwie erdig, holzig, vielleicht schmeckt er auch eine Spur nach Aprikose". Hoffentlich habe ich mich jetzt nicht völlig lächerlich gemacht. Aber so würde ich einen Wein beschreiben und da kenne ich mich aus.
„Sie brauchen gar nicht so ängstlich zu schauen, es gibt kein richtig oder falsch. Aber interessant, ich habe die gleichen Gedanken, wenn ich diesen Tee trinke. Kräftig und dennoch süßlich, rund, Tabak, Erde, an all das erinnert mich dieser Tee. Das ist ein *Yunnan Hong Gongfu*, ein Schwarztee aus der Pro-

vinz Yunnan, ein sehr bekannter guter Tee, der auf einer Höhe von 1.000 bis 2.000 Metern angebaut wird, daher ist er auch so kräftig."

„Jetzt aber bitte zurück zu den Mitgliedern der Teefamilie. Ich will alles über die sechs erfahren."

„Gerne, das freut mich. Fast nichts mache ich lieber als über Tee zu reden und interessierten Menschen die Welt des Tees näher zu bringen. Das einzige was ich noch lieber mache, ist Tee zu probieren und immer neue gute Teesorten zu entdecken! – Also, zu den sechs Mitgliedern der Teefamilie. Ich will Sie Ihnen zunächst einmal alle der Reihe nach kurz vorstellen:

Da ist zunächst der *„Weiße Tee"*, das zarteste Familienmitglied. Und das wertvollste – zumindest war der Weiße Tee früher dem Kaiser und hochrangigen Beamten vorbehalten. Dieser Tee wird am wenigsten bearbeitet und mit größter Behutsamkeit behandelt. Tee in seiner reinsten Form, könnte man sagen. Das besondere an ihm ist, dass nur die ungeöffneten Blattknospen verwendet werden. Er wird nur ganz kurz anfermentiert. Angebaut wird er vor allem in der Provinz Fujian. Der *Weißhaar-Silbernadel-Tee* ist sicherlich der bekannteste. Wenn Sie die Blätter sehen, wird Ihnen klar warum er so heißt. Sie sind länglich, eingerollt und mit einem hellen Flaum bedeckt. Er ist äußerst erfrischend, riecht blumig-duftig und schmeckt süßlich und fruchtig-zart. Seine Tasse ist von einem schwachen Grün. Andere Teesorten aus dieser Familie sind hellgelb bis goldgelb."

Das klingt nach einem idealen Getränk für einen heißen Sommertag!

„Dann gibt es den *„Gelben Tee"*, eine sehr rare Spezialität", fährt Meister Lin fort. „Er ist zwar seit Jahrhunderten bekannt, wird aber immer seltener produziert. Auch hier wird meist nur die Blattknospe gepflückt. In der Provinz Hunan werden noch geringe Mengen hergestellt.

Die Diva aus dieser Kategorie ist eindeutig der *Silbernadel-Tee vom Kaiserberg*. Er wird auf der Junshan-Insel inmitten des Dongting-Sees angebaut. Auch er hat seinen Namen von den nadelförmig eingerollten Blättern. Diesen Tee sollte man in einem hohen Glas aufbrühen und ihn dann beobachten. Es ist eine Freude für die Augen und die Seele, lange bevor es ein Genuss für den Gaumen ist: Die Nadeln stehen aufrecht im Wasser, sinken dann auf den Boden und steigen wieder empor. Dann sinken sie wieder und steigen wieder empor, die Blätter tanzen regelrecht im Wasser.

Jetzt kommen wir zum *„Grünen Tee"*. Er ist der Star der Familie. 70% der gesamten chinesischen Teeproduktion entfällt auf den Grünen Tee. Beim Pflücken gilt für die guten Qualitäten die Regel „Two leafes and one bud". Von jedem Zweig werden also nur die zwei obersten Blätter und die Blattknospe geerntet. Vor allem im Süden Chinas, in den Provinzen Fujian, Zhejiang, Anhui, Henan, Jiangsu und Jiangxi wird Grüntee produziert. Der *Drachenbrunnen-Tee*, ist die berühmteste Grüntee-Sorte. Sie wird in Hangzhou angebaut, einer wunderschönen Stadt, bekannt durch ihren romantischen Westsee. Aber hier muss man sehr aufpassen: Es wird einem leicht ein Tee angedreht, der zwar so heißt, aber nie auch nur in die Nähe von Hangzhou gekommen ist. Aber nur der Drachenbrunnen-Tee vom Westsee ist der echte. Die trockenen Blätter sind lang und flach. Er riecht leicht nach Seegras, die Tasse ist jadegrün und er schmeckt ein wenig nach frischen Kräutern und nach Fenchel. Im Mund wirkt er etwas zusammenziehend."

„Und was hat es mit diesem Drachenbrunnen auf sich? Da gibt es doch bestimmt eine Geschichte dazu?"

„Ja, da gibt es tatsächlich eine schöne Legende: Um das Jahr 250 stieß ein daoistischer Mönch auf seinem Weg in ein Dorf auf einen Drachen, der in einem Brunnen ganz in der Nähe der Stadt Hangzhou lebte. Eine schreckliche Dürre hatte die Region heimgesucht und die Leute im Dorf beteten Tag und Nacht um Regen. Sie hatten große Sorge um ihre Teeernte. Der Mönch erzählte den Dorfbewohnern von dem Drachen, dem er begegnet war. Sofort liefen die Bauern zu dem Brunnen und flehten den Drachen an, ihnen zu helfen. Sie hatten noch nicht zu Ende gesprochen, als sich schon dicke Wolken am Himmel bildeten. Bald fielen die ersten Tropfen und dann regnete es und regnete es, – die Ernte war gerettet. Zu Ehren dieses hilfreichen Drachen wurde der Tee von den dankbaren Bauern ‚Drachenbrunnen-Tee' getauft."

Verblüfft schaue ich Meister Lin an. „Ein hilfreicher Drache? In der europäischen Mythologie gibt es nur schreckliche, feuerspeiende Drachen. Meistens muss dem Drachen eine Jungfrau geopfert werden, um ihn zu besänftigen. Und dann taucht im letzten Moment ein schöner, mutiger Held auf, der den Drachen tötet und dafür gefeiert wird."

„In China ist das anders. Hier werden Drachen sehr verehrt und wie eine Gottheit angebetet, niemand braucht Angst vor ihnen zu haben und keiner käme auf die Idee sie zu töten. Aber man sollte sie auch nicht verärgern. Man sagt, sie leben in den Bergen, in Flüssen und in Seen, oder aber, wie unser Drache, in einem Brunnen.

Jetzt aber zum *Schwarztee*. In diesem Fall werden die Blätter vollständig fermentiert. Daher die dunkle Färbung. Hierfür werden meistens mehr Blätter verwendet als nur die „two leafes and one bud". Der Schwarztee ist übrigens das jüngste Familienmitglied. Erst im 18. Jahrhundert wurde der Herstellungs-

prozess so entwickelt, wie er heute noch stattfindet. In Yunnan wird er erst seit Anfang des 20. Jahrhunderts angebaut. Heute kommen einige der weltbesten Schwarztees von dort.
Hier in unseren Schalen haben wir den *Yunnan Hong Gongfu*. Mit dem Zusatz ‚*Gongfu*' dürfen sich nur die edelsten Tees aus Yunnan schmücken. Das bedeutet nämlich so viel wie Kunstfertigkeit oder Meisterschaft."
Er stellt eine kleine, schön geschwungene Porzellanschale vor uns auf den Tisch, öffnet eine kunstvoll verzierte silberne Dose, entnimmt ihr mit einem hölzernen Schäufelchen etwas Tee und lässt ihn in die Schale gleiten. „Schauen Sie sich mal die trockenen Blätter dieses Tees an. Was sehen Sie?" Ich nehme die Schale und studiere die Blätter.
„Nun ja, dieser Tee ist mehr braun als schwarz. Und da sind viele schöne goldgelbe Blätter dabei." Ich schaue zu ihm auf, gespannt ob ich die richtige Beobachtung gemacht habe. Anscheinend, denn Meister Lin lächelt und nickt.
„Das sind die zarten Blattknospen, die bei der Fermentation diesen Goldton annehmen. Für diesen Tee sind also sehr viele Knospen oder *„buds", wie es in der internationalen Fachsprache heißt*, verwendet worden und das macht seine Besonderheit und seine hohe Qualität aus."
Erneut gießt er unsere Trinkschalen mit heißem Wasser auf. Ich nehme einen Schluck. Interessant, ich habe den Eindruck, dass jeder Aufguss anders schmeckt.
„Jetzt bleiben noch zwei Brüder der Teefamilie", fährt Meister Lin fort. „Über diese beiden gibt es viel zu erzählen, zum einen weil der Herstellungsprozess sehr interessant ist, aber auch, weil die Zubereitungsmöglichkeiten so vielfältig sind.
Zunächst ist da der *Oolong-Tee*, das heißt übersetzt: Schwarzer Drachen-Tee. Oft werden die Blätter in eine längliche Form gedreht, sie sehen dann aus wie kleine schwarze Drachen. Im 17. Jahrhundert haben chinesische Teebauern die Fertigkeit, die Fermentation auf den Punkt zu stoppen, meisterhaft beherrscht und konnten somit diesen Tee produzieren. Er steht zwischen seinem Bruder Grüntee und seinem Bruder Schwarztee. Lässt man ihn nur ganz kurz fermentieren, dann ähnelt er sehr dem Grüntee, lässt man ihn länger fermentieren, dann erinnert er an einen Schwarztee – und doch ist er keines von beiden! Man unterteilt die Oolong-Tees in die 10% bis 45% fermentierten, das sind die ‚grünen Oolongs' und die 45% bis 70% Prozent fermentierten, das sind die ‚schwarzen Oolongs'. Die einen sind mehr zart, blumig im Geschmack, die anderen kräftiger, holzig, fruchtig, manchmal etwas süßlich. Oolong-Tee wird hauptsächlich in der Provinz Fujian angebaut, vor allem in den Wuyi-Bergen und in der Region Anxi. Ein sehr bekannter Oolong-Tee ist der Tie Guanyin, das heisst übersetzt ‚Die Eiserne Göttin der Barmherzigkeit '".
„Eiserne Göttin der Barmherzigkeit? Was für ein Name für einen Tee! Lassen Sie mich raten, auch

dahinter steckt eine alte Geschichte." Mein Gegenüber nickt lächelnd. Ich vermute, er hat auf das Stichwort nur gewartet.
„Wollen Sie sie hören?" Ich nicke ihm aufmunternd zu und lehne mich mit meiner Schale in der Hand zurück.
„Auf dem täglichen Weg zu seinem Acker kam der Bauer Wei immer an einem alten, zerfallenen Tempel vorbei. Dieser Tempel war der Eisernen Göttin der Barmherzigkeit gewidmet. Er war jedes Mal sehr betrübt zu sehen, in was für einem schlimmen Zustand der Tempel und die Statue der Göttin waren. Aber Bauer Wei hatte kein Geld, um eine Restaurierung zu bezahlen. So entzündete er statt dessen regelmässig Räucherstäbchen im Tempel, fegte die Räume und reinigte die Statue.
Eines Nachts erschien ihm im Traum die Göttin der Barmherzigkeit und sagte zum ihm: „In der Höhle hinter dem Tempel ist ein Schatz verborgen, der vielen Generationen zugute kommen wird. Sorge dafür, dass du ihn mit deinem Nachbarn redlich teilst."
Am nächsten Tag ging Bauer Wei los, suchte und fand die Höhle. In ihr spross ein kleines Tee-Pflänzchen aus dem harten Boden. Er grub es aus, nahm es mit und pflanzte es in seinen Garten ein. Innerhalb von zwei Jahren wurde ein kräftiger Teestrauch daraus, mit wunderschönen Blättern und zart-weißen Blüten. Eines Tages goss er einige Blätter in heißem Wasser auf und ein unglaubliches Aroma stieg empor. Er probierte und war begeistert. Immer wieder goss er die Teeblätter auf und auch nach dem siebten, achten und neunten Aufguss war der ausgezeichnete Geschmack noch wahrnehmbar. Er hegte und pflegte seine Pflanze, kultivierte sie und nach weiteren zwei Jahren hatte er mehr als 200 Teesträucher gezüchtet. Schnell verbreitete sich die Geschichte des Bauern mit dem wunderbaren Tee und von überall her kamen die Menschen, um seinen Tee zu probieren und zu kaufen und Bauer Wei wurde reich. Endlich konnte er den Tempel und die Statue der Göttin restaurieren lassen. Er verteilte Samen und Setzlinge an alle Bewohner der Region Anxi. Seither wird in Anxi der beste Oolong-Tee angebaut."
„Schöne Geschichte. Und wie schmeckt er nun? Wie ist die Tassenfarbe?" Ich muss in mich hinein lachen. „Tassenfarbe" – ich werde langsam zur Teeexpertin, wer hätte das gedacht?
„Wenn die Zeit reif ist, werde ich Ihnen bei einer Teezeremonie in meinem Teeraum, in den ich übrigens nur wenige Menschen einlade, einen Oolong-Tee zubereiten. Bis dahin möchte ich Ihnen aber noch mehr über die wunderbare Welt des Tees erzählen – vorausgesetzt Sie möchten das".
Er sieht mich mit seinen dunklen Augen eindringlich an.
„Unbedingt! Ich will alles über Tee lernen." – „Von Ihnen", setze ich hinzu und ich spüre auf einmal mein Herz klopfen. Was ist das denn jetzt? Vermutlich der Tee.
„Dann kommen wir zum letzten Bruder, der ist ein bisschen aus der Art gefallen. Weil er in vielerlei Hinsicht etwas anders ist als die anderen. Das fängt schon damit an, dass er ganz anders aussieht, als

seine Geschwister.“ Meister Lin erhebt sich, geht zu einem Regal und ergreift ein handtellergroßes, rundes, flaches Päckchen, das in weißes, mit roten Schriftzeichen bedrucktes Papier eingeschlagen ist. Er setzt sich und legt es vor mich auf den Tisch.

„Darf ich vorstellen: *Pu Er-Tee*.“ Mit einer Kopfbewegung bedeutet er mir, das Päckchen zu öffnen. Ich drehe es um und nestle an dem Papier herum, bis es aufgeht. Ein brauner, gepresster Kuchen kommt zum Vorschein.

„Und das ist Tee?“, ich blicke ihn fragend an.

„Das ist ein sogenannter Teekuchen. Die häufigste Form, in der Pu Er-Tee angeboten wird. Gepresst in einen etwa 350 Gramm schweren, flachen Kuchen. Wie so vieles in China hat auch seine runde Form eine Bedeutung: Sie steht für den Vollmond, der wiederum ein Zeichen für die Einheit der Familie ist. Diese Teekuchen werden häufig als Set von sieben Stück angeboten. Sieben ist eine Glückszahl und soll den Beschenkten sieben Söhne bescheren.“

„Aber warum wird der Pu Er-Tee in Formen gepresst?“

„Das hat mit seiner Geschichte zu tun, und mit seiner Herstellung. Die reicht zurück bis in die Tang-Dynastie, also 7. bis 10. Jahrhundert. Damit ist er definitiv der Älteste der Familie. Zu dieser Zeit kamen die Teebauern aus den Bergen in die Stadt Pu Er in der Provinz Yunnan, um ihren Tee an Händler zu verkaufen, die ihn dann in ganz China anboten, weit bis nach Tibet und in die Mongolei. Die Nachfrage war groß und wie damals üblich, wurde der Tee mit Pferden transportiert. Also haben die findigen Bauern eine Technik entwickelt, ihren Tee in flache Kuchen zu pressen, die ideal in die Satteltaschen der Reiter passten. Zudem ist der Tee so Jahre lang haltbar und wird im Laufe der Zeit immer besser.

Das Besondere am Pu Er ist nämlich, dass er – anders als seine Geschwister – erst *nach* dem Verpacken fermentiert. Im Fall des sogenannten rohen, oder auch ‚grünen‘ Pu Er verhält sich das wie bei

ganz richtig erkannt haben, ein Grüntee. Dieser wird zusammen mit den ganz frisch gepflückten, zarten, weißen Blüten des Jasmin gelagert und erwärmt, so nimmt er deren wunderbares Aroma an. Später werden die Blüten bis auf einige wenige, wieder herausgenommen. Das ganze Procedere wird mehrfach wiederholt. Es ist also ziemlich aufwendig, weshalb guter Jasmintee auch seinen Preis hat. Der Jasmintee kann mit seinem lieblichen Duft tatsächlich die Sinne betören, wie man so schön sagt. Wichtig ist nur, wie bei jedem Teeaufguss, dass auch wirklich mit allen Sinnen genossen wird. Nur so kann der Jasmintee seine volle Wirkung entfalten und nicht nur den Körper erfrischen, sondern auch den Geist beruhigen und die Seele erfreuen.

Auch er ist eine sehr alte chinesische Erfindung. Schon in der Song-Dynastie, also im 10. bis 13. Jahrhundert, trank man gerne mit Blüten aromatisierten Tee.

Gerade bei den aromatisierten Tees gibt es sehr große Unterschiede. Natürlich ist es nicht nötig, die besten Grüntees zu verwenden, aber eine gute Qualitätsstufe sollte es schon sein. Hier wird übrigens eine besondere Eigenschaft des Tees ausgenutzt: Er nimmt sehr leicht fremde Aromen an. Das ist im Falle der Herstellung von aromatisiertem Tee ein großer Vorteil. Aber das ist auch der Grund, warum man bei der Lagerung von Tee so sorgfältig sein muss.

Man kann übrigens auch mit anderen Blüten, mit Gewürzen oder mit Früchten guten Tee noch interessanter machen. Zum Beispiel mit Rosenblüten und –blättern, mit Sonnenblumenblüten, mit Brombeerblättern, mit Zimt, mit Mandelmilch oder mit getrockneten Aprikosen.

Aromatisierter Tee kommt häufig aus den Provinzen Fujian, Zhejiang, Anhui und Jiangsu, denn hier werden auch viele Blumensorten angebaut. Vor allem die Nordchinesen, wie etwa die Leute aus Beijing, lieben aromatisierten Tee."

„Mmm, er duftet herrlich. Sagen Sie, gibt es noch weitere Verwandte in der Teefamilie?"

„Oh ja, es gibt noch einen interessanten Cousin in der Familie: Den *Rauchtee* oder besser bekannt als *‚Lapsang Souchong'*. Auch dazu habe ich eine Geschichte:

Ein Teebauer wurde von der Provinzregierung unter Androhung von Strafe gezwungen, sofort sein Lagerhaus zu räumen, weil dort am nächsten Tag gebaut werden sollte. Der Bauer hatte Angst, seine eben eingefahrene, gute Ernte zu verlieren, die dort zum Trocknen ausgebreitet und noch feucht war. Da sah er, dass der Nachbar am Rande seines Ackers Fichtenzweige verbrannte und ihm kam eine Idee: Er brachte die frischen Teeblätter zum Feuer und streute sie dort aus. Die Blätter trockneten rasch und nahmen das rauchige Aroma an. Er war stolz auf seine Entdeckung, aber leider wollte niemand diesen rauchigen Tee kaufen. Bis eines Tages ein ausländischer Händler kam, den Tee kostete, begeistert war und ihn mit nach Europa nahm, wo er unter Teekennern schnell sehr beliebt wurde."

Er nimmt einen Schluck Tee und fährt fort: „Das ist eine ganz besondere Spezialität und nur der echte Lapsang Souchong kommt aus der Gegend um Zheng Shan im Wuyi-Gebirge in der Provinz Fujian. Er ist sehr selten, da das Wuyi-Gebirge nur eine relativ kleine Region umfasst, gleichzeitig aber große Nachfrage nach dem Tee besteht. Deshalb sollte man immer drauf achten, woher der Tee kommt, den man verkostet oder kaufen will."

„Also von Rauchtee habe ich noch nie was gehört, aber Lapsang Souchong habe ich mal irgendwo gelesen. Aber bisher hatte ich keine Ahnung was man sich darunter vorstellen muss oder wie er schmeckt. Habe ich jetzt die ganze Teefamilie mitsamt ihren Anverwandten kennengelernt?"

„Jawohl, jetzt kennen Sie die ganze Familie. Nun können Sie jeden chinesischen Tee, von dem Sie lesen oder den Sie verkosten, zuordnen. Sie wissen, wo er angebaut wird, was seine Besonderheiten sind und sie kennen seine Geschichte. Das wird Ihnen sehr helfen, sich in der Welt des Tees zurecht zu finden. Und dieses Wissen wird Ihnen auf der genussreichen Suche nach Ihren Lieblingstees den Weg weisen.

„Ich hätte nie gedacht, dass Tee ein so spannendes und weites Feld ist."

„Oh ja, es macht viel Freude, sich damit zu beschäftigen. Und seit Jahrtausenden gibt es in China unendlich viele Legenden über den Tee. Wie zum Beispiel diese hier, die davon erzählt, wie die Teepflanze auf diese Welt kam:

Der buddhistische Mönch Bodhidharma schlief eines Tages im Wald beim Meditieren ein. Für ihn war das das Schlimmste, was ihm passieren konnte, es war ein Frevel an seinem Glauben und er war fürchterlich zornig über sich selbst. So zornig, dass er seine Augenlider fest packte, sie abriss und weit von sich auf den Waldboden schleuderte. Das sollte ihm nie wieder passieren!

Die Augenlider jedoch trieben Wurzeln in die Erde und als Symbol für Wachsamkeit und einen hellen, aufmerksamen Geist entstand aus diesen Trieben die erste Teepflanze."

„Schrecklich schöne Legende." Ich sehe zum Fenster und bemerke, dass die Sonne bereits untergeht. Meine Güte, wie ist die Zeit verflogen!

„So, ich denke, ich sollte nun langsam gehen."

Mein Gastgeber begleitet mich zu seiner Ladentüre. Im Hinausgehen drehe ich mich zu ihm um: „Das war ein sehr schöner Nachmittag, haben Sie vielen Dank, Meister Lin."

„Es war schön, Ihre Bekanntschaft zu machen, liebe Lena. Es war mir ein Vergnügen, Sie in die Welt des Tees einzuführen. Wenn Sie mögen, kommen Sie wieder. Ich bin eigentlich immer hier im Laden. Ich würde mich freuen."
„Nun ja, ich bin noch einige Tage hier in Beijing und habe nichts Besonderes vor, ein wenig Sightseeing, ein wenig Shoppen. Das Projekt meiner Firma, für das ich hergeschickte wurde, ist abgeschlossen und jetzt gönne ich mir noch etwas Freizeit. Mal schauen, ich komme bestimmt vor meiner Abreise nochmal vorbei."
„Ja, tun Sie das."
„Auf Wiedersehen, Lena – zai jian!"
„Zai jian!"
Hinter mir klingelt leise die Ladenglocke.

Ich will nicht direkt ins Hotel zurückgehen, sondern möchte erst über das Gehörte und Meister Lin nachdenken. Ohne es bemerkt zu haben, bin ich immer weiter weg spaziert von den lauten Straßen und den Menschenmengen und in einer breiten, aber ruhigen Allee gelandet, was man in Beijing eher selten findet.
Die Straße ist lang und verliert sich am Horizont, wo die Sonne untergeht. Beide Seiten der Allee sind voller Ginkobäume, deren Blätter in der Abendsonne golden leuchten. Noch nie habe ich Bäume so intensiv wahrgenommen. Hat Meister Lin durch den Tee meine Sinne für die Natur geschärft? Hat mich das Teetrinken irgendwie sensibilisiert? Voller Freude laufe ich diese goldene Allee entlang und beschließe, meinen Teeweg weiter zu gehen...

*„Tee trinken heißt,
den Lärm der Welt vergessen.“*

TIEN YI HENG, (1524-1574), CHINESISCHER PHILOSOPH

第二章 2

Ich trete vor den Eingang meines Hotels, atme tief ein und freue mich über den schönen Morgen. Der ganze Tag liegt vor mir, ich kann tun und lassen was ich will, ein herrliches Gefühl. Ich habe mir bewusst für heute nichts Bestimmtes vorgenommen, will mich einfach von dieser Stadt treiben lassen. Nur meinen Startpunkt habe ich mir beim Frühstück im Stadtplan ausgewählt: Zunächst will ich zu Fuß zur Wangfujing Dajie laufen und dort ein bisschen bummeln. Es soll dort eine der größten Buchhandlungen Beijings geben, den „Foreign Languages Bookstore". Sicherlich finde ich da das ein oder andere gute Buch über China und über die chinesische Kultur. Ich schultere meine Tasche und marschiere los.

Ein ganzes Regal mit englischen Titeln nur über Tee! Ich habe bereits ein Buch „Easy Chinese for beginners" gefunden und einen sehr schönen Bildband über klassische chinesische Möbel entdeckt. Dann wollte ich noch schauen, was es so zum Thema Tee gibt. Und nun habe ich die Qual der Wahl: Dicke Folianten mit Bildern von prächtigen Teeplantagen und verwunschenen Landschaften, Bücher, die nur von Grüntee und seiner Heilwirkung handeln, Nachschlagewerke über die Teesorten dieser Welt, Anleitungen zur japanischen Teezeremonie mit Matcha-Tee, Rezeptbücher für „Kochen mit Tee"...
Ziemlich ratlos stehe ich vor dieser Auswahl. Ich entscheide mich schließlich für einen kleinen liebevoll gestalteten Band, der eine Einführung in die Welt des chinesischen Tees verspricht.
An der Kasse werden meine Einkäufe in Papier eingeschlagen und mit einer Kordel zusammengebunden. Ich nehme mein Paket, verstaue es in meiner Tasche und freue mich über den gelungenen Start in den Tag.
Die Wangfujing Dajie ist eine der Haupteinkaufstrassen in Beijing, zum großen Teil Fußgängerzone und so bummle ich ohne Ziel dahin, die Straße entlang, vorbei an der Östlichen Kathedrale, weiter in Richtung des Hauptstadttheaters.
An einem Straßenstand lockt mich der Duft von frischen Baozi, gefüllte und gedünstete Teigtaschen, perfekt für ein zweites Frühstück, denke ich mir. Ich deute auf die mit Rindfleisch gefüllte Sorte und strecke den Zeigefinger in die Höhe. Dazu lasse ich mir ein Tonfläschchen mit Sauermilch geben, der Strohhalm steckt schon im Papierdeckel. Ich zahle, gehe ein paar Schritte und beiße zufrieden in mein Baozi, der Saft läuft mir das Kinn hinunter. Ach China, hier lässt es sich wirklich gut essen!

Ganz in Gedanken schlendere ich weiter, bis ich plötzlich aufschaue und bemerke, dass ich in dieser Gasse schon mal war. Hier ist doch der Teeladen von Meister Lin! Richtig, da hinten links.
Beim Frühstück hatte ich noch überlegt, ob ich heute gleich wieder zu ihm gehen sollte, hatte aber beschlossen, dass das vielleicht aufdringlich wirken könnte. Lieber morgen oder übermorgen, wenn

überhaupt. Aber wenn ich schon einmal hier bin? Zumindest könnte ich ja schauen, ob er überhaupt da ist.
Die Glocke an der Ladentür klingelt, als ich eintrete. Hinter der Verkaufstheke schaut eine junge Chinesin auf, sie trägt eine rote Seidenbluse im klassischen, chinesischen Stil, die ihre zarte Figur vorteilhaft betont. Vor ihr steht ein älterer Herr in blauer Mao-Jacke und blauer Mütze, auf einen Gehstock gestützt, und redet mit lauter Stimme und ausladenden Bewegungen auf sie ein. Zwischendurch lacht er immer wieder herzhaft und zeigt dabei ein lückenhaftes Gebiss. Die junge Dame packt grade seine Einkäufe in eine Tüte.
Wohl durch das Klingeln der Türglocke herbeigerufen, kommt Meister Lin aus dem hinteren Teil des Ladens nach vorne. „Lena“, ruft er mit erfreuter Miene, als er mich erkennt. „Das ist ja eine Überraschung. Schön, dass Sie gekommen sind!“
„Ja, ich war grade in der Nähe und da dachte ich....“
„Kommen Sie, ich habe grade einen wunderbaren Weißen Tee mit Rosenblüten aufgegossen. Eine Kostprobe eines neues Lieferanten aus Fujian. Kommen Sie mit nach hinten ins Büro.“
Er sagt etwas zu der jungen Verkäuferin, sie nickt und schaut mir neugierig nach, als ich Meister Lin in sein Büro folge. „Das ist meine Mitarbeiterin Li Jia, sie unterstützt mich drei Tage in der Woche“, erklärt er.
„Lena, ich freue mich sehr, dass ich diesen Tee gemeinsam mit Ihnen verkosten kann. Hier, probieren Sie.“ Er reicht mir eine Schale. „Der ist von der He Shan Teefarm in Fuding im Nordosten der Provinz Fujian. Er ist mit Rosenblüten aromatisiert. Schauen Sie, wie schön die zart-rosafarbenen Blüten zwischen den Teeblättern schwimmen.“
Ich nippe an dem heißen Tee. Rund, weich, süßlich, ein ganz feiner Tee, das erkenne sogar ich nach bereits einem Tag „Teeseminar“ bei Meister Lin. Ich schaue auf, will etwas sagen, aber als ich sehe, wie er mich anstrahlt, lächle ich nur und nicke ihm zu.

„Von der Provinz Fujian sprachen Sie gestern häufig. Wenn ich mich recht erinnere, werden dort viele unserer Teefamilien-Mitglieder angebaut. Wo wird den überhaupt in China Tee produziert? Verteilt sich das über das ganze Land oder sind das nur einzelne Regionen?“
„Warten Sie, dazu hole ich Ihnen am besten unsere Tee-Landkarte von vorne aus dem Laden, anhand der kann ich Ihnen das sehr gut erklären.“
Er kommt zurück mit einer auf Pappe aufgezogenen Karte von China mit lauter bunten Flecken. „Ist Ihnen schon einmal aufgefallen, dass die Silhouette Chinas einem Huhn ähnelt?“
„Wie bitte? Ein Huhn?“ Ich schaue ihn stirnrunzelnd an.

„Schauen Sie doch!“ Er zeigt auf die Karte und fährt mit dem Finger an den Landesgrenzen entlang: „Hier oben der Kopf, der Hals, Brust und Bauch, und hier hinten der Schwanz.“ Tatsächlich, jetzt sehe ich es auch. China sieht aus wie ein Huhn!

„Ganz vereinfacht gesagt: Die Teeanbaugebiete sind hauptsächlich an Brust und Bauch des chinesischen Huhns“, erklärt er mir. „Man teilt die Anbaugebiete in vier Regionen auf, wie Sie das hier auf der Karte an den vier verschiedenen Farben erkennen können: Den Südwesten, den Südosten, die Regionen südlich des Yangtse und die Regionen nördlich des Yangtse. Im *Südwesten* haben wir die drei Tee-Provinzen Yunnan, Guizhou und Sichuan. Die bedeutendste hiervon ist das ganz im Süden gelegene Yunnan: Hier kommt der Pu Er-Tee her, sowie ein Großteil der Schwarztees.

Im *Südosten* liegen die Provinzen Fujian, Guangdong, Guanxi und die Insel Hainan. Aus Fujian, ganz im Osten, kommt sehr guter Oolong-Tee, aber auch exzellenter Schwarztee. Dann haben wir *südlich des Yangtse* die dritte Region, aus dieser kommen zwei Drittel der gesamten chinesischen Teeproduktion. Das sind die Provinzen Zhejiang, Jiangxi, Hunan und die südlichen Gebiete von Anhui, Jiangsu und Hubei.

Wichtig zu merken sind hier Zhejiang und Anhui: Aus Zhejiang kommt vor allem Grüntee. Genauso aus Anhui, vor allem vom legendären Huang Shan, dem Gelben Berg, einer der heiligen Berge Chinas. Hier wachsen Tees von ganz großer Qualität.

Und dann haben wir noch die „Newcomer“-Region: *Nördlich des Yangtse* ist es viel kühler als in den anderen Regionen, die meist ein subtropisches, feuchtwarmes Klima haben. Aber es kann im Winter auch mal unter den Gefrierpunkt gehen. Deshalb wird dort noch nicht so lange Tee angebaut wie in den klassischen Regionen. Trotzdem gedeihen in den Provinzen Gansu, Shaanxi, Henan, Shandong

und im Norden von Anhui, Jiangsu und Hubei sehr gute Tees, vor allem in den Gebirgsregionen."
„Wieviel wird denn eigentlich von welcher Sorte produziert?"
„Was glauben Sie, Lena, was in China am liebsten getrunken wird?"
„Wenn Sie so fragen, kann das ja nur der Grüne Tee sein, richtig?"
„Richtig. Über 70% der Produktion entfällt auf Grüntee, 11% auf Oolong, 6% auf Schwarztee und den Rest teilen sich Weißer Tee, Gelber Tee, Pu Er und ein paar andere Spezialitäten".
„Ich habe gestern Abend noch im Internet recherchiert und mir ein paar interessante Zahlen notiert." Ich ziehe mein zerfleddertes Büchlein heraus. „5 Millionen Tonnen Tee werden weltweit pro Jahr produziert, davon in China um die 2 Millionen Tonnen. Exportiert werden aber aus China nur rund 320.000 Tonnen."
„Wir trinken unseren guten Tee eben lieber selber," schmunzelt mein Gastgeber.
Er fährt fort: „In der Tat ist es nicht so einfach, außerhalb Chinas einen qualitativ hochwertigen Tee zu einem guten Preis zu bekommen. Es gibt aber viele gut sortierte und fachkundige Teegeschäfte bei Ihnen in Deutschland. Und auch viele Online-Händler, die zu guten Preisen eine interessante Auswahl anbieten."
„Worauf muss ich denn beim Teekauf achten?"
„Teekauf ist Vertrauenssache, bietet viel Gelegenheit zum Experimentieren und ist vor allem etwas sehr Individuelles. Ganz wichtig ist, dass man sich immer klarmacht: Es gibt kein Richtig und kein Falsch. Alles ist erlaubt und jeder darf seinen Tee so trinken wie er es gerne mag. Schwarz oder grün, mit Zucker, Honig oder Kandis, mit Sahne oder Milch, ohne alles – Hauptsache er schmeckt und tut gut. Man sollte sich im Fachgeschäft beraten lassen und verschiedene Sorten ausprobieren. Zunächst reicht einmal ein Tee in der mittleren Preisklasse völlig aus. Nach und nach merkt man, wie man die verschiedenen Aromen herausschmecken kann, wie unterschiedlich der Duft und wie unterschiedlich die Tassenfarbe ist. Und auch wenn ein Tee nicht auf Anhieb so richtig schmeckt, nicht gleich aufgeben und wegwerfen! Man kann den gleichen Tee später nochmal probieren, kürzer oder länger ziehen lassen, vielleicht eine andere Zubereitungsart versuchen oder mit der Wassertemperatur experimentieren. Beim Tee hängt auch viel von der Stimmung ab, in der man ihn trinkt, die Tageszeit, die Jahreszeit, ob alleine oder in Gesellschaft."
„Das klingt ja ganz so, als ob Tee etwas Lebendiges wäre, etwas mit einem eigenen Charakter."
„Das haben Sie schön gesagt. Ja, ich glaube, da ist was dran."
„Was ist denn eigentlich mit Beuteltee? Ist der unter Teekennern völlig verpönt? Ist doch praktisch, unterwegs, im Büro, mal so auf die Schnelle."
„Das ist eine gute Frage, Lena. Leider findet man in vielen Teebeuteln nicht sonderlich gute Qualitäten

und deshalb hat der Beuteltee generell einen eher schlechten Ruf. Aber zu unrecht. Selbst im Teefachgeschäft bekommen Sie guten Tee in Beuteln. Den erkennen Sie zunächst einmal am Preis, der schon etwas höher ist als der Tee, bei dem die Papierbeutel lieblos in die Pappschachtel gepackt wurden und bei dem sich am Boden der Teestaub sammelt. Guter Beuteltee ist außerdem einzeln in Folie verpackt, um das Aroma zu bewahren. Außerdem ist der Beutel sehr groß, so dass die Teeblätter genügend Platz haben, um sich zu entfalten. In einen Beutel kommt aber kein Blatt-Tee, also keine ganzen Blätter, die wären nämlich zu groß, sondern klein geschnittene Blätter. Die nennt man „Broken", bzw. die noch kleineren „Fannings". Der feinste Siebgrad ist „Dust", das ist kein Staub, sondern die kleinste Sortierung, die bei der Aussiebung anfällt.
Das heißt, dass nicht die Blattgrade, also fein oder grob, die Qualität ausmachen, denn das ist nur ein Ergebnis des Siebens ein und derselben Produktion. Gerade weil Fannings und Dust aufgrund ihrer großen Oberfläche sehr ergiebig sind und der Tee sehr schnell Farbe und Geschmack an das Wasser abgeben kann, werden sie gerne für Teebeutel verwendet. Mittlerweile gibt es sehr gute Beuteltees von ambitionierten Teeproduzenten, die auf Bioqualität achten und ihre Teebauern persönlich kennen."
„Aber beim Tee gibt es doch auch noch so viele Fachbegriffe und Abkürzungen. First Flush und Orange Pekoe und sowas."
„Das ist halb so geheimnisvoll wie es klingt und auch recht einfach zu verstehen. Das sind alles Qualitätsbezeichnungen und Sortierungsgrade, die die Engländer für den Teeanbau in ihren Kolonien in Indien und Ceylon erfunden haben und die dort heute noch verwendet werden. Das gilt allerdings hauptsächlich für indischen Schwarztee und hat für unseren chinesischen Tee weniger Bedeutung. Aber gerne verrate ich Ihnen was dahintersteckt:
‚*First Flush (FF)*', das ist die erste Pflückung im Frühjahr und ‚*Second Flush (SF)*' die zweite im Sommer. Die Frühjahrspflückung ist etwas blumiger als die kräftigere Sommerpflückung.
‚*Orange (O)*' hat nichts mit der Orange zu tun, sondern bezieht sich auf das holländische Königshaus Oranien und soll für ‚königlichen Tee', also beste Qualität stehen. Die holländische East-India-Company hat früher eine zentrale Rolle im Teehandel gespielt und das Orange sollte eine Art Markenzeichen sein.
‚*Pekoe (P)*' bedeutet ‚weißes Haar': Die Unterseite ganz junger Triebe ist nämlich mit einem weißen Flaum bedeckt. Diesen Flaum können Sie beim chinesischen Weißhaar-Silbernadel-Tee, von dem ich gestern erzählte, ganz deutlich sehen. Daher ja auch der Name.
‚*Tippy (T)*' sind die Blattspitzen junger, zarter Teeblätter. Sie haben noch kein Chlorophyll gebildet, weil sie unter einer dünnen Hülle noch eingerollt und dadurch nicht dem Sonnenlicht ausgesetzt sind. Sie färben sich beim Fermentieren nicht dunkel, sondern werden gelbgold. Deshalb bezeichnet man Tees

mit diesen Spitzen als ‚Golden' (G). *‚Golden'* deshalb, weil diese zarten Blättchen gelbgold aus dem dunklen Tee herausstechen. Erinnern Sie sich? Sie haben die gestern in den trockenen Blättern des Schwarztees entdeckt, den wir getrunken haben.
‚Flowery (F)' nennt man die Hülle, in die die Blattspitzen geschützt eingerollt sind. Wenn diese Hülle bei einem Blatt bereits abgefallen ist, beginnt es Chlorophyll zu entwickeln, ist aber noch in sich zusammengerollt. Tees, die solche noch zusammengerollten Spitzen enthalten, werden mit ‚Flowery' bezeichnet.
Ein *‚Orange Pekoe (OP)'* ist ein kräftiger indischer Schwarztee mit großen Blättern. Ein *‚Broken Orange Pekoe (BOP)'*, ist der gleiche Tee mit zerkleinerten Blättern. *‚Golden Flowery Orange Pekoe (GFOP)'* ist ein hochwertiger, indischer Schwarztee mit goldgelben und mit dunklen Blattspitzen.
Nun der Test, ob Sie aufgepasst haben, Lena: Was steckt hinter *FTGFOP*?" Meister Lin schaut mich verschmitzt an. Zum Glück habe ich fleissig mitgeschrieben und kann meine Notizen zu Hilfe nehmen: „Also, das ist ein *F*irst Flush *T*ippy *G*olden *F*lowery *O*range *P*ekoe." Ich schaue ihn triumphierend an. „Das scheint mir dann ein wahrer Meistertee zu sein, mit so vielen Buchstaben."
„Richtig, das ist auch die Faustregel: Je mehr Buchstaben, desto höher die Qualität. Aber, wie gesagt, das sollte nur ein kleiner Exkurs sein, weil diese ganzen Buchstaben für unseren chinesischen Tee eher selten genutzt werden."
„Und wenn ich nun so einen richtig guten, teuren Qualitäts-Tee habe, wie bewahre ich den dann am besten auf?"
„Wir sprachen ja gestern darüber, dass Tee die Eigenschaft hat, fremde Aromen sehr schnell anzunehmen. Diese Eigenschaft nutzt man aus, wenn man Tee mit Rosenblättern oder Jasminblüten aromatisiert. Aber deswegen muss man Tee auch völlig dicht, dunkel und am besten kühl lagern.
Hier in China wird Tee häufig in bunten vakuumierten Portionspäckchen von je etwa acht bis zehn Gramm verkauft. Das ist ideal, um das Aroma sehr lange zu bewahren. Leider ist diese Verpackungsform in Deutschland selten.
Für lose gekauften Tee gibt es gut verschließbare Dosen und edle Porzellangefäße. Aber ich würde empfehlen, den Tee nicht einfach lose in die Dose zu füllen, denn dann hat er ja immer noch Kontakt mit Luft, nämlich der Luft in der Dose. Besser ist es, den Tee in der Tüte zu belassen, in der man ihn gekauft hat. Diese immer ganz nach unten rollen, mit einer Klammer verschliessen und in die Dose packen. Vor allem Grüntee, Gelber Tee und Weißer Tee müssen sorgfältig aufbewahrt werden, denn diese sind ja gar nicht oder kaum fermentiert.
Schwarztee und Oolong sind da um einiges robuster. Sie sollten aber ebenfalls so gelagert werden."
„Meister Lin, es gibt so viele schöne Teekannen, Teeschalen, Dosen und alles Mögliche an Zubehör.

Schon wegen all dieser wunderbaren Sachen, macht es Freude sich mit Tee zu beschäftigen. Sie haben ja ganze Regale voller Tee-Accessoires hier in Ihrem Laden. Aber braucht man das denn alles, um ein Teekenner zu werden?"

„Es führen viele Wege zu einer guten Tasse Tee. Und eigentlich braucht man nur guten Tee, gutes Wasser und eine gute Teekanne. Aber viel wichtiger als die vielen schönen Dinge, mit denen man sich umgeben kann, ist etwas anderes. Etwas das man nicht kaufen kann. Nämlich Zeit, Muße, Konzentration, Sorgfalt, Bewusstsein – ‚Achtsamkeit', so wird das ja neuerdings genannt. Dabei beschreibt Achtsamkeit das uralte Prinzip, des ‚Sich-auf-das-Hier-und-Jetzt-Besinnens'. Man erlebt diesen einen Moment ganz bewusst, ob alleine oder gemeinsam mit anderen.

Haben Sie sich schon einmal gefragt, warum ein Wein, den Sie aus dem Sommerurlaub mitgenommen haben, zuhause auf einmal gar nicht mehr so schmeckt wie auf der Terrasse des Restaurants? Weil auch hier der Moment, das Hier-und-Jetzt ganz maßgeblich zum Geschmackserlebnis beigetragen hat. Die Stimmung in diesem Augenblick, die Atmosphäre, die Temperaturen, der umgebende Raum, die Aussicht, das Rauschen der Wellen – all das haben Sie ‚mitgetrunken' und all das fehlt dann zuhause. Nicht anders ist es beim Tee: Auch hier spielt die Umgebung, der Raum, die Dekoration im Raum, die Gerüche, vielleicht Blumen oder Räucherstäbchen, die Stimmung, in der man sich befindet und vieles andere eine Rolle. Aber dazu möchte ich Ihnen gerne später einmal mehr erzählen und vor allem möchte ich Sie das einmal erleben lassen."

„Aber wir trinken hier ganz wunderbaren Tee, der ohne Teekanne zubereitet wurde. Braucht man denn überhaupt eine Teekanne?"

„Wieder eine gute Frage. Es gibt zwei traditionelle chinesische Zubereitungsarten: Die Zwei-Kannen-Methode und die Gaiwan-Methode."

„Gaiwan? Was ist das denn?"

„Das ist diese Teeschale mit tiefer Untertasse und passendem Deckel, aus der wir hier trinken. Gai heisst Deckel, Wan heisst Schale, also eine Schale mit Deckel. Der Gaiwan wird seit der Ming-Dynastie verwendet, also seit

dem 14. Jahrhundert. Diese dreiteilige Teetasse steht ganz im Einklang mit der chinesischen Philosophie und Teekultur. Schauen Sie: Der Deckel symbolisiert den Himmel, die Untertasse die Erde und die Schale den Menschen dazwischen. So ehrten die Menschen den Tee. Er ist nicht irgendeine Pflanze oder ein beliebiges Getränk, sondern ein Geschenk von Himmel und Erde, das der Mensch kultivierte. Die Zubereitung im Gaiwan ist immer noch eine sehr beliebte Methode, die sich besonders für Grünen und Weißen Tee eignet. Man kann nämlich schön zuschauen, wie sich die Teeblätter im Wasser entfalten. Die Aromen konzentrieren sich in der Schale und der Tee kann bequem mehrere Male aufgegossen werden. Jeder neue Aufguss schmeckt etwas anders als der vorige.
Traditionell wird der Tee direkt aus der Schale getrunken, so wie wir das hier machen. Man legt den Deckel so auf, dass nur ein kleiner Schlitz offen bleibt, hinter dem die Infusion – so nennt man die aufgebrühten Teeblätter – zurückgehalten werden. So kann man trinken ohne ständig Blätter in den Mund zu bekommen. Wobei Teeblätter sehr gesund sind und die vollen gesundheitsfördernden Bestandteile enthalten. Also, wenn Sie beim Trinken ab und zu ein Blättchen in den Mund bekommen, kauen und schlucken Sie es, Sie tun sich damit etwas sehr Gutes! Manche Chinesen ziehen den Tee einfach durch die Zähne, auch so bleibt die Infusion in der Tasse. Oder Sie wischen mit dem Deckelrand über die Oberfläche und schieben die Blätter so vor dem nächsten Schluck zurück.

Man kann den Gaiwan aber auch wie eine Teekanne verwenden. Dazu werden die Blätter im Gaiwan überbrüht und nach der gewünschten Ziehzeit gießt man den Tee in einen Becher oder in ein Glas. So vermeidet man Teeblätter im Mund und der Tee zieht auch nicht länger, als man möchte.
Egal, ob man direkt aus dem Gaiwan trinkt oder den Tee umfüllt, zunächst sollte man den Gaiwan mit heißem Wasser ausspülen. Die Teeblätter mögen es, wenn sie in warmen Dampf gelegt werden, statt in eine kalte Tasse."
„Und wieviel Tee nehme ich?", unterbreche ich ihn.
„Nun ja, das hängt von der Sorte und vom persönlichen Geschmack ab. Es macht auch keinen Sinn, eine Teemenge in ‚Teelöffeln' anzugeben. Sie können sich vorstellen, dass ein Tee aus schönen großen Blättern ein ganz anderes Volumen hat, als ein zu flachen Nadeln gepresster Tee. Deshalb gibt man die

Menge besser in Gramm an. So drei bis vier Gramm in den Gaiwan sind ein guter Ausgangspunkt. Sie können ohne Weiteres am Anfang den Tee abwiegen, um ein Gefühl dafür zu bekommen."

„Ich verstehe. Und wie geht es dann weiter?"

„Dann wird das frische, abgekochte Wasser darübergegossen. Jetzt kommt es sehr auf die richtige Wassertemperatur an. Jeder Tee hat da seinen eigenen Wunsch:

Schwarztee und Oolong mögen richtig heißes Wasser. Schwarztee wird gerne mit 100 Grad heißem Wasser überbrüht. Kochend heißes Wasser gilt übrigens auch für alle Kräutertees und alle Früchtetees. Aber für den Oolong sind maximal 90 Grad ideal. Einfach den Deckel des Wasserkochers anheben und drei Minuten warten, dann kühlt das Wasser auf etwa 90 Grad ab.

Grüntee, Weißer Tee und Gelber Tee brauchen kühleres Wasser, höchstens 80 Grad, dazu lässt man den Wasserkocher zehn Minuten offen stehen. Manche dieser sensiblen Tees, vor allem die Grüntees, mögen nicht mehr als 70 Grad.

Wichtig ist, dass alle Teeblätter gut mit Wasser bedeckt sind. Man kann auch hier den Deckel zu Hilfe nehmen und den Tee sanft mit dem Deckelrand durch das Wasser bewegen. Da wir im Gaiwan ja recht viele Teeblätter im Verhältnis zur Flüssigkeit haben, reichen beim ersten Aufguss meist 30 Sekunden Ziehzeit.

Dann legen wir den Deckel auf die Schale, schieben ihn leicht auf die Seite, so dass wir einen Schlitz haben, durch den wir dann den Aufguss in die Tasse gießen. Man kann dazu die Schale zusammen mit der Untertasse greifen, so ist es nicht so heiß. Es sollte der gesamte Aufguss aus der Schale geleert sein, damit die Blätter nicht weiter ziehen, sondern einfach nur warm und dampfig im geschlossenen Gaiwan auf den nächsten Aufguss warten.

Riechen Sie vor dem ersten Schluck an der Innenseite des Deckels: Hier haben sich die flüchtigen Aromen gesammelt, die sonst mit dem Dampf verschwunden wären.

Sie können je nach Teesorte, Qualität und Geschmack immer wieder neu mit heißem Wasser aufbrühen. Eigentlich solange, bis Sie nichts mehr vom Tee schmecken. Bei einem sehr guten Oolong kann das bis zu siebenmal, manchmal sogar noch häufiger funktionieren. Aber Sie müssen die Ziehzeit jedesmal ein Wenig verlängern. "

„Und die zweite Methode?"

„Die nennt man die ‚Zwei Kannen-Technik': Auch hier beginnen wir wieder mit dem Erwärmen der Teekanne mit heißem Wasser. Dann geben wir den Tee in die warme, dampfende Kanne, brühen mit Wasser auf und lassen den Tee ziehen.

Da die Kanne normalerweise mehr Fassungsvermögen hat als der Gaiwan, kann man hier auch mehr Tee hineingeben. Der Kannenboden darf gut mit trockenen Teeblättern bedeckt sein. Nach der Ziehzeit

kommt die zweite Kanne zum Einsatz, die Servierkanne: Auch diese ist zuvor angewärmt worden. Wir gießen nun den gesamten Tee aus der ersten Kanne in die Servierkanne. Auch hier ist darauf zu achten, dass die Kanne möglichst bis auf den letzten Tropfen geleert wird, damit der Tee nicht mehr zieht, er kann sonst bitter werden.
Ich empfehle zum Aufbrühen eine gute Kanne aus hochwertigem Ton und zum Servieren eine hübsch bemalte Porzellankanne oder auch eine Glaskanne. In einer Glaskanne kann man die Farbe des Tees sehr schön bewundern. Für beide Techniken kann man einen Teesieb zu Hilfe nehmen, so dass wirklich keine Blättchen durchrutschen."
„Und was macht eine gute Tonkanne aus? Wie weiß ich denn, ob eine Kanne aus hochwertigem Ton hergestellt wurde?"
„Teekannen – das ist ein großes Kapitel in der chinesischen Teekultur. Allein über Tonkannen, Porzellankannen und Teezubehör ist sicherlich soviel geschrieben worden wie über den Tee selbst. Eine gute Tonkanne ist kein Wegwerfprodukt, das man so im Vorbeigehen kauft. Eine wirklich gute Tonkanne wird sorgfältig ausgewählt und ist ein Begleiter für ein ganzes Leben. Sie wird immer wertvoller, je länger sie in Gebrauch ist. Früher wurden Tonkannen von Generation zu Generation innerhalb einer Familie weitervererbt. Dazu gibt es eine schöne Geschichte aus dem alten China. Möchten Sie sie hören?"
Ich nicke ihm zu.

„Vor langer Zeit lebte ein reicher Mann, der ein großer Teeliebhaber war. Eines Tages klopfte ein Bettler an seine Tür und sprach: ‚Herr, ich habe gehört, dass Du über umfangreiches Wissen rund um den Tee verfügst. Würdest Du einem armen, durstigen Mann ein wenig Tee zu trinken geben?'

Der reiche Mann reichte ihm eine Schale Tee. Der Bettler trank und meinte: ‚Oh, dieser Tee ist sehr edel, aber sein Aroma ist leider nicht voll entwickelt. Das liegt daran, dass Du eine neue Teekanne verwendest.' Mit diesen Worten holte er eine uralte Tonkanne unter seinem abgewetzten Mantel hervor. Der reiche Mann bewunderte die Kanne und erkannte sofort ihren hohen Wert. Er holte heißes Wasser und der Bettler goss es in die Kanne. Noch bevor er ein einziges Teeblatt in der Kanne gegeben hatte, stieg ein delikater Duft daraus empor. Der reiche Mann musste diese Kanne einfach haben und bot dem Bettler sehr viel Geld dafür.
Doch dieser erwiderte: „Diese Kanne ist seit Generationen in meiner Familie, sie ist leider unverkäuflich. Aber wenn Du mir etwas Geld gibst, so dass ich mich hier im Dorf niederlassen und wie früher wieder einem ehrbaren Beruf nachgehen kann, komme ich, sooft es geht, mit meiner Kanne zu Dir und wir trinken daraus gemeinsam unseren Tee."

Und so kam es, dass der reiche Mann und der ehemalige Bettler Freunde wurden und Jahr für Jahr viele Kannen Tee zusammen tranken."

„Das war wieder eine wunderbare Geschichte, Meister Lin. Aber wo finde ich nun so eine gute Kanne, die die Aromen in sich aufnimmt und immer wertvoller wird?"
„In Yixing in der Provinz Jiangsu, westlich von Shanghai gibt es die besten Teekannen der Welt. Sie werden aus *Zisha,* dem besten Ton, den es gibt, gefertigt. Durch die spezielle Zusammensetzung des Zisha-Tons, der bei über 1000 Grad gebrannt wird, bekommt die Zisha-Kanne eine ganz besondere Oberfläche: Einerseits ist sie luftdurchlässig, der Tee kann in der Kanne „atmen" und seinen ursprünglichen Geschmack gut entfalten. Andererseits ist die poröse Struktur extrem speicherfähig, sie kann im Laufe der Jahre ein Depot bilden. Sie hat dann eine richtige „Teeschicht" im Inneren. Man spricht auch vom „Gedächtnis" der Teekanne. Dass so eine Kanne niemals auch nur in die Nähe von Spülmittel oder Bürste kommen darf, versteht sich von selbst. Und wegen ihres „Gedächtnisses" sollte man unbedingt für jede Teesorte eine eigene Kanne verwenden."

„Und wie erkenne ich eine gute Zisha-Kanne? Da gibt es doch sicher auch Unterschiede."
„Da gibt es die 3-Ebenen-Regel: Wenn man die Kanne ohne Deckel umgedreht auf den Tisch stellt, müssen der Henkel, der Rand der Kannenöffnung und der Ausguss gleichzeitig den Tisch berühren.
Dann testet man die Kanne, wenn sie mit Wasser gefüllt ist: Das Wasser muss ruhig und gleichmässig aus dem Ausguss laufen. Beim Einschenken muss der letzte Tropfen wieder in die Kanne zurückfliessen. Dann wird die Kanne nochmals ganz gefüllt und mit dem aufgesetzten Deckel und zugehaltenem Ausguss umgedreht. Der Deckel darf nicht herausfallen.

Nun probiert man das nochmals mit zugehaltenem Deckel, jetzt darf kein Tropfen aus dem Ausguss fliessen."
„Muss man so eine Kanne irgendwie pflegen? Einölen oder sowas?"
„Zunächst muss man sie auf ihren ersten Einsatz vorbereiten, man nennt das auch die „Kannen-Eröffnung". Dazu werden Kanne und Deckel unter fliessendem Wasser gut abgespült. Dann stellt man die Kanne ohne Deckel in einen großen Topf, bestreut sie mit etwa 100g eines einfachen Tees aus jener Teefamilie, für die man die Kanne später verwenden will, bedeckt sie komplett mit heißem Wasser und lässt das Ganze ungefähr eine Stunde lang köcheln. Anschließend lässt man die Kanne an der Luft gut trocknen.
Niemals darf man die Kanne einölen, das würde die Poren verstopfen und die Kanne ruinieren. Aber unser hauteigenes Fett ist sehr gut geeignet, um die Kanne zu pflegen und ihr nach und nach einen schönen Glanz zu geben. Dazu müssen Sie einfach die Kanne beim Teetrinken immer mal wieder in die Hand nehmen und sanft reiben. Auch tut es der Kanne gut, wenn sie ab und zu mit heißem Tee übergossen wird. Bei der Teezeremonie zum Beispiel, wird der erste Aufguss meist nicht getrunken. Anstatt ihn wegzukippen, gießt man ihn über die geschlossene Kanne. So wird sie mit der Zeit dunkler und bekommt eine schöne Patina."
„Eine Teekanne mit Gedächtnis. Es ist einfach unglaublich, was ich bei Ihnen alles lerne, Meister Lin."
„Es macht mir große Freude, mein Wissen mit Ihnen zu teilen. Aber einen sehr wichtigen Bestandteil der Teezubereitung haben wir bislang nur kurz gestreift und ich hatte Ihnen versprochen, dass Sie auch darüber alles, was ich weiß, lernen sollen."
„Hmm, wir haben über den Tee selber gesprochen, über die Zubereitung, über die Bedeutung einer guten Teekanne – was kann denn da noch fehlen?"
„Denken Sie mal scharf nach, liebe Lena. Ohne was kann niemand einen Tee zubereiten, auch wenn ihm der teuerste Tee und die älteste Zisha-Kanne zur Verfügung stehen?"
„Wasser! Natürlich, ohne Wasser kein Tee."
„Ich möchte Ihnen zunächst eine Geschichte erzählen: Ein hoher Beamter namens Li Jiqing bewunderte den großen Teekenner Lu Yu zutiefst. Er lud ihn zum Essen ein. Während des Essens bat er Lu Yu, einen Tee mit dem berühmten Nanling-Wasser zuzubereiten. Genau in der Mitte des Yangze, auf einer kleinen Insel, entspringt die Quelle, aus der dieses Wasser bezogen wird. Der Gastgeber schickte also einen Diener los, um dieses Quellwasser zu holen. Als der Diener zurückkam, schöpfte Lu Yu mit einer Kelle etwas von dem Wasser und kostete. „Dieses Wasser stammt aus dem Yangze, aber nicht von der Nanling-Quelle. Es muss Wasser vom Flussufer sein." Der Gastgeber warf seinem Diener einen scharfen Blick zu.

Dieser verteidigte sich: „Ich war an der Quelle. Mich haben Fischer gesehen, die können das bezeugen." Lu Yu sagte nichts, sondern leerte das Gefäß zur Hälfte, dann nahm er erneut eine Probe. „Dies ist nun Wasser von der Nanling-Quelle". Völlig überrascht fiel der Diener auf die Knie und rief: „Ich war wirklich an der Quelle und habe dort Wasser entnommen. Aber auf dem Rückweg war die Strömung auf dem Fluss so stark, dass beim Übersetzen mit dem Boot immer wieder Wasser aus dem Gefäß geschwappt ist. Ich hatte Sorge, dass die Menge nicht reichen würde und so habe ich den halbvollen Krug nach dem Anlegen am Ufer mit Flusswasser aufgefüllt."
Li Jiqing und seine Gäste waren zutiefst erstaunt über Lu Yus Fähigkeit, den Ursprung des Wassers so genau zu benennen."
„Beeindruckende Geschichte. Früher hätte ich vielleicht darüber gelacht. Aber heute gibt es bei uns ja auch schon Wasser-Sommeliers, die unterschiedliche Wassersorten erschmecken und beraten können, welches Wasser zu welchem Wein passt. Und wenn ich woanders ein anderes Mineralwasser als das von zuhause trinke, dann schmecke ich deutlich den Unterschied. Also Wasser ist nicht gleich Wasser, das ist ganz klar. Aber welches Wasser mag der Tee denn am liebsten?"
„Lu Yu hätte geantwortet: Das beste Wasser kommt aus einer hoch oben im Gebirge gelegenenen Quelle. Gutes Teewasser ist klar und rein, weich, süß und lebendig. Mit „lebendig" meint er, dass kein Wasser aus einem stehenden Gewässer, wie etwa einem See, verwendet werden soll."
„Nun gut, aber von mir daheim ist es doch recht weit zur nächsten Bergquelle. Mein Wasser kommt aus dem Wasserhahn."
„Gutes Teewasser ist frisch, sauerstoffhaltig, reich an Mineralien und hat einen nicht zu hohen Härtegrad. Hartes, kalkhaltiges Wasser verleiht dem Tee einen unangenehmen Geschmack, führt zur Bildung eines dünnen Films auf der Oberfläche des Tees und verhindert die Entfaltung seiner feinen Aromen. Immer frisches aus dem Wasserhahn verwenden und es auch immer nur einmal aufkochen lassen, das ist schon das Wichtigste".
„Ich verstehe. Immer nur frisches Wasser verwenden. – Meister Lin, es ist schon wieder spät geworden. Ich möchte nicht unhöflich sein und Ihre Zeit nicht überstrapazieren."
„Das tun Sie nicht, liebe Lena. Es war schön, dass Sie hereingeschaut haben. – Sie mögen doch die alten chinesischen Legenden, nicht wahr? Eine Legende möchte ich Ihnen noch mit auf dem Weg geben. Denken Sie darüber nach und wenn Sie mögen, kommen Sie gerne wieder. Die Tür ist für Sie immer offen."

Er lächelte, nahm einen Schluck Tee und begann zu erzählen: „Ein junger Mann war sehr verzweifelt, weil ihm so gar nichts im Leben gelingen wollte. Er ging zu einem alten Mönch und bat ihn um Rat:

‚Wie soll ich denn noch Hoffnung haben? So oft hat das Schicksal bei mir zugeschlagen, so Vieles ist ohne meine Schuld misslungen.' Der Mönch hörte ihm aufmerksam zu, erwiderte aber nichts, sondern schicke einen jungen Novizen los, der warmes Wasser holen sollte, um den Gast zu begrüßen und zu erfrischen.
Er nahm dem Novizen den Wasserkessel mit dem lauwarmen Wasser ab, gab ein paar Teeblätter in eine Tasse und übergoss sie. ‚Bitte, trinken Sie erstmal etwas Tee', sagte er und reichte dem Besucher die Tasse. Der junge Mann kostete und schüttelte den Kopf: ‚Was ist das für Tee? Ich schmecke fast nichts.' ‚Es handelt sich um Die Eiserne Göttin der Barmherzigkeit, den besten Tee, den ich habe, wie kann er geschmacklos sein?' Daraufhin bat er den Novizen, heißes Wasser zu bringen. Nun brühte er den Tee mit heißem Wasser auf. Sofort entstieg der Tasse ein betörender Duft. Er reichte sie dem jungen Mann und sagte: ‚Es ist derselbe Tee, aber jetzt riecht und schmeckt er intensiv und erfreut die Sinne. Warum, glauben Sie, ist das so?' Der junge Mann dachte lange nach und antwortete dann: ‚Es muss an den unterschiedlichen Temperaturen liegen. Die erste Tasse wurde mit lauwarmen Wasser zubereitet, die zweite Tasse mit heißem Wasser.' ‚Richtig. Unterschiedliche Temperaturen entscheiden über den Geschmack, über das Ergebnis. Bei warmem Wasser können die Blätter nur an der Oberfläche schwimmen, wie soll da ein kräftiges Aroma entstehen? Wenn man heißes Wasser verwendet, können die Blätter zu Boden sinken, wieder aufsteigen und abermals zu Boden sinken. Sie können auf diese Weise die Milde des Frühlingsregens, die Hitze der Sommersonne, die Stärke des Herbstwindes und die Kühle des Winterfrostes an das Wasser abgeben.'
Als er diese Worte hörte, verstand der junge Mann. Das Leben, sein Leben, ließ sich durch dieses Tee-Gleichnis abbilden: Schmerz und Rückschläge, Gewinne und Erfolge, Auf und Ab, all das waren notwendige Bestandteile des Lebens. Sie gehörten einfach dazu. Nur durch sie konnte ein Leben reichhaltig und ausgefüllt, ja vollkommen sein. Wie konnte jemand, der niemals Leid und Rückschläge überwinden musste, die schönen Seiten des Lebens ausreichend schätzen?
Verlief alles stets bei lauwarmen Temperaturen, so glich das Leben dem geschmacklosen Teewasser: Es war fade und ohne Würze, kannte weder Hoch noch Tief, kurz, es war nie vollends bis an seine Grenzen ausgeschöpft worden."

Meister Lin lächelt mich an und ohne weitere Worte bringt mich mein Freund zur Ladentür.
„Danke, Meister Lin. Gute Nacht"
„Gute Nacht, Lena. Kommen Sie gut heim."

*„Tee wirkt durch sehr kleine Mengen an Bitterkeit und an Süße.
Er klärt den Geist und vertreibt die Schläfrigkeit.
Er verscheucht die Sorgen, kühlt die Leber und die Galle,
reinigt die Lungen und den Magen,
klärt die Augen und löscht den Durst.“*

WANG SHIXIONG (1806-1867), CHINESISCHER MEDIZINER

第三章 3

Unglaublich! Was Meister Lin erzählt hat, stimmt wirklich: Chinesen trinken jederzeit und überall Tee! Er hat zu mir gesagt: „Achten Sie mal drauf. Gehen Sie mit offenen Augen durch Beijing und Sie werden es selber sehen." Und tatsächlich – selbst im Nationalmuseum hatte die junge Dame an der Kasse eine dieser praktischen Teebehältnisse aus Plastik mit integriertem Sieb griffbereit neben sich stehen. Ich habe deutlich die Teeblätter und die weissgelben Chrysanthemenblüten in der grünlichen Flüssigkeit schwimmen sehen. Neben sich hatte sie eine große, mit Blumen verzierte Thermoskanne stehen, um jederzeit heißes Wasser nachgießen zu können. Und in den Ausstellungsräumen habe ich gesehen, dass jeder Museumswärter auf einem Fenstersims seinen Tee in einem einfachen Schraubglas deponiert hat. In der U-Bahn haben die Leute, ob alt oder jung, ein Teebehältnis am Rucksack baumeln oder in der Tasche stecken. Jeder Taxifahrer, jeder Busfahrer, jeder Bauarbeiter hat stets seinen Tee bei sich und trinkt zwischendurch immer wieder einen Schluck. Und ständig sieht man, wie jemand seinen Tee mit heißem Wasser auffüllt. In den U-Bahnstationen, in den Bahnhöfen, im Flughafen, in den Shoppingmalls – überall gibt es Spender mit kostenlosem, kochend heißem Wasser. Eine ganze Nation ist permanent am Tee trinken.
Gut, die jungen Leute trinken oftmals lieber Cola oder Cappuchino bei Starbucks. Bei den Männern darf es abends auch mal ein Bier sein oder beim Essen mit Freunden ein Fläschchen Erguotou, billiger aber dafür hochprozentiger Hirseschnaps. Beim Geschäftsessen hingegen ist es eher der teure, ebenfalls hochprozentige Maotai, der auf den Tisch kommt.
Doch es ist faszinierend zu sehen, wie Tee in China völlig selbstverständlich zur Alltagskultur gehört. Aber warum? Warum trinken die Chinesen seit mehreren tausend Jahren mit ununterbrochener Begeisterung Tee? Diese Frage habe ich Meister Lin gestellt. Er erklärte mir, zur Beantwortung dieser Frage müsse man das chinesische Verständnis von einer gesunden Lebensweise betrachten. Chinesen sind davon überzeugt, dass warmes Essen und warme Getränke grundsätzlich gut sind für den Körper und ihm Energie zuführen, wohingegen Kaltes ihm Energie entzieht. Das ist auch ein Grund dafür, dass in China unbedingt dreimal am Tag warm gegessen wird.

Tee hat einen positiven Einfluss auf unsere Gesundheit und vor allem auf das Wohlbefinden. Tee sorgt für einen wachen, klaren, konzentrierten Geist. Und Teetrinken hatte auch immer eine sehr wichtige soziale Funktion.
„Gehen Sie mal in ein Teehaus, in einen Park oder schauen Sie sich in einem altem Wohnviertel um. Die Leute sitzen zusammen und trinken Tee, tauschen sich aus, lachen gemeinsam und schimpfen gemeinsam. Tee hat etwas Geselliges und soll mit anderen zusammen genossen werden. Tee kann heilen, Tee kann vorbeugen und Tee bringt die Menschen zusammen."

Meister Lin hat natürlich Recht, wie ich beim Studieren meiner Teebücher gelernt habe. Was die westliche Wissenschaft nachgewiesen hat, war den Chinesen schon lange klar: Die frühen chinesischen Naturheilkundler nutzten den Tee zur Linderung von Kopfschmerzen, Erschöpfungszuständen, Altersbeschwerden, trugen ihn in Salbenform auf, um rheumatische Erkrankungen zu behandeln oder legten die feuchten Blätter auf Wunden, um die Heilung zu fördern.

Aber auch die Psyche kann durch regelmäßigen Teegenuss positiv beeinflusst werden. Tee, so sagen chinesische Mönche, reinigt die Seele. Denn es sind nicht nur die nachweisbaren, medizinischen Vorteile, die der Tee bietet, sondern auch die Kunst, Muße zu üben und innezuhalten in dieser hektischen Zeit.

Kaffee kann man schnell einmal zwischendurch hinunterkippen. Ein Espresso an der Bar ist schnell zubereitet und in wenigen Momenten getrunken. Aber Tee braucht Zeit, will Schluck für Schluck genossen werden. Ein Teetrinker nimmt sich bewusst eine kleine Auszeit, um sich mit jedem Schluck Gutes zu tun und diese Zeit mit allen Sinnen zu genießen.

Das habe ich bei Meister Lin gelernt und vor allem erfahren. Tee ist wirklich mehr als nur ein Getränk. Ich will diesem Wunderding Tee auf den Grund gehen und alles in Erfahrung bringen, was es dazu an Wissen gibt. Also stelle ich mir selbst die Frage: Warum ist es grade der Grüne Tee, der so hoch gelobt wird für seine gesundheitliche Wirkung?

Mit diesem Gedanken im Kopf habe ich mein nächstes Ziel in Beijing angesteuert: Das Lao She-Teehaus.

Über 500 Teehäuser gibt es in Beijing. Das nach dem berühmten Schriftsteller Lao She benannte Teehaus ist eines der bekanntesten. Es steht in der Tradition der sogenannten „Mehrzweckhäuser“, die Teetrinken, Essen, gesellschaftliche Kontakte und Unterhaltung unter einem Dach vereinen. Hier kann man noch die traditionellen chinesischen Künste erleben: Pekingoper, Sprechgesang, Akrobatik, Kampfkunst, Schattenspiel und Zauberei.

Schon beim Betreten des Teehauses fühlt man sich in das alte Beijing zurückversetzt. Ein Kellner in einer langen Mandschu-Jacke und mit einem Käppchen begrüßt die Gäste in starkem Beijinger Dialekt. Die Räume des Teehauses sind schlicht, anmutig und traditionell eingerichtet. Ich bestelle mir das Lieblingsgetränk der Beijinger, Jasmintee.

Dazu Tee-Eier, in kräftig gewürztem Teesud hart gekochte Eier, ein Schälchen mit gerösteten, gesalzenen Bohnen und eines mit Sonnenblumenkernen.

Nun kann es losgehen. Der Tee schwimmt in meiner Tasse, ich knabbere an meinen Snacks und packe den Laptop aus. Das Thema meiner Recherche lautet: „Warum ist der Grüntee so gesund?“

Es dauert nicht lange und ich kann mir die wichtigsten Erkenntnisse in mein kleines Notizbuch schreiben.

Der Grund, warum ausgerechnet der Grüntee, im Vergleich zu den anderen Teesorten, so sehr für seine gesundheitsfördernden Wirkstoffe geschätzt wird, liegt einzig in der Verarbeitung. Denn, wie Meister Lin mir ja erklärt hat, lässt man Grüntee nicht fermentieren. Der Tee wird gleich nach der Ernte erhitzt, die frischen Blätter werden in großen Pfannen über dem Feuer kurz geröstet. Dabei werden die Zellsäfte zersetzt, so dass eine Fermentation nicht mehr möglich ist. Und das schützt die wertvollen Inhaltsstoffe im Tee. Durch diese schonende Behandlung bleiben die positiven Wirkstoffe fast vollständig erhalten.

Die wichtigsten sind: *Polyphenole*, hierunter vor allem die wertvollen Catechine. Diese sind für den bitteren und adstringierenden Geschmack des Tees verantwortlich. Für die Teepflanze spielen sie eine ähnliche Rolle wie das Immunsystem für den Menschen: Sie bekämpfen Pilze, Viren und Bakterien. Während Catechine in den meisten Nahrungsmitteln nur in geringer Konzentration vorkommen, machen sie beim Grüntee einen hohen Anteil aus: Zwischen 20% und 30%, je nach wissenschaftlicher Studie. Die Catechine haben antioxidative Eigenschaften, sie machen also die gefährlichen Freien Radikale unschädlich.

Besonders das Epigallocatechin-Gallat (EGCG) macht viel von sich reden: Es soll Krebs vorbeugen und vor Herz-Kreislauf-Erkrankungen schützen.

Mineralien und Spurenelemente: Kalium (brauchen Herz und Nerven), Fluor (beugt Karies vor, Aufbaustoff für Knochen und Nägel), Zink (wichtig für die Blutbildung, Wundheilung und das Immunsystem), Mangan (senkt den Blutzuckerspiegel).

Vitamine: Grüntee enthält in geringen Mengen Vitamin C. Die Vitamine des B-Komplexes sind ebenfalls vorhanden: Vitamin B1 (versorgt das Gehirn mit Energie, sorgt dafür, dass wir wach und konzentriert bleiben), Vitamin B2 (hilft Kohlenhydrate, Fette und Eiweiße abzubauen und zu verwerten), Vitamin B7 (sorgt für gesunde Haut und Haare), Vitamin E und Beta Karotin (bekämpfen Freie Radikale und somit den Alterungsprozess und beugen Arteriosklerose vor).

Nicht zu Unrecht hat der holländische Arzt Nicolas Diveks (1593-1674) gesagt:

„Nichts kann den Tee überbieten. Teetrinken hält den Menschen fern von allen möglichen Krankheiten und fördert ein langes Leben. Tee gibt Energie, und für solche, die spät nachts studieren oder arbeiten, ist er sehr hilfreich. Es ist völlig richtig, jeden Tag zwölf Tassen Tee zu trinken".

Naja, zwölf Tassen Tee am Tag, ich weiß nicht. Andererseits, wenn ich mich hier so umschaue... Doch, ich glaube das ist ohne weiteres möglich. Wenn man Teetrinken so sehr in seinen Alltag integriert, wie das viele Chinesen tun, kommt man schnell auf zwölf Tassen am Tag.

Noch andere eine Frage beschäftigt mich: Wie ist das nun mit dem „Teein" und dem „Koffein"? Ich habe immer gehört, dass in Tee kein Koffein enthalten ist, sondern Teein, das ganz anders wirken soll, weshalb Tee als gesünder eingestuft wird, als Kaffee – oder so ähnlich.
Während mein Tee von der Bedienung unaufgefordert mit heißem Wasser aufgefüllt wird, starte ich eine erneute Recherche. Das will ich jetzt ganz genau wissen.

„Tee regt an, aber nicht auf!" Und jetzt weiß ich auch warum:
Zunächst einmal finde ich heraus, dass man heute zwar keinen Unterschied mehr macht zwischen Teein und Koffein, beides wird als Koffein bezeichnet, weil ein und dieselbe chemische Formel dahintersteckt. Dennoch ist die Wirkung ist in den jeweiligen Getränken völlig unterschiedlich: Das Koffein im Kaffee wirkt schnell und stark, aber die Wirkung hält nicht lange an. Beim Koffein im Tee tritt der anregende Effekt langsamer ein, ist nicht so stark, hält aber dafür sehr viel länger an.
Grund dafür ist vermutlich die Aminosäure Theanin, die nur im Tee, aber nicht im Kaffee vorkommt. Sie dockt an die Rezeptoren an, die dem Gehirn Müdigkeit signalisieren würden. Auf diese Weise bildet sie eine Barriere zwischen dem Koffein und den Rezeptoren, so dass das Koffein dem Gehirn nur lang-

sam, aber dafür stetig Wachheit signalisieren kann. Weil dieses Theanin im Kaffee nicht enthalten ist, dockt das Koffein direkt an die Rezeptoren an, wirkt sofort und viel stärker, aber eben auch nicht so langanhaltend.
Und weil das Tee-Koffein nicht im Magen, sondern im Darm resorbiert wird, ist Tee auch noch magenfreundlicher als Kaffee.

Ein weiterer Vorteil beim Tee ist, dass man die Koffeinmenge steuern kann. Dazu überbrüht man den Tee wie gewohnt, lässt ihn 30 Sekunden ziehen und gießt diesen ersten, sehr starken Aufguss weg. Dann überbrüht man den Tee gleich nochmals, lässt ihn wieder 30 Sekunden lang ziehen und trinkt erst diesen zweiten Aufguss.
In den ersten beiden Minuten löst sich fast die gesamte Koffeinmenge im heißen Wasser, nicht jedoch die Gerbstoffe, die kommen erst verzögert dazu. Das heißt also, dass ein Tee, den man kurz ziehen lässt, anregend wirkt. Lässt man den Tee länger ziehen, lösen sich nach und nach die Gerbstoffe, das Koffein im Wasser dockt an diese Gerbstoffe an und gelangt mit diesen zusammen nur langsam in den Blutkreislauf. Der Tee wirkt dann etwas weniger anregend.

Ich klappe mein Laptop zu. „Anregend" ist ein gutes Stichwort – anregend war nicht nur der Tee, den ich eben getrunken habe, sondern auch die Gespräche mit Meister Lin.
Und anregend ist auch das Ambiente hier in diesem Teehaus. Neben vereinzelten westlichen „Langnasen", wie die Chinesen (durchaus respektvoll) Ausländer nennen, sind hier auch einige chinesische Touristen, genießen ihren Tee und fotografieren sich dabei gegenseitig. Vor allem aber sind hier viele Einheimische, meist ältere Leute, die vermutlich schon lange Stammgäste sind.
Man kann man sich hier wirklich zurückversetzen in die große Zeit der Teehäuser. Das Teehaus war und ist auch heute noch der Treffpunkt für die ganze Nachbarschaft. Besonders die Senioren sind es, die sich regelmäßig im Teehaus ihres Viertels einfinden, miteinander Mahjong oder Karten spielen, den neuesten Klatsch austauschen, auf die Enkelkinder aufpassen, Tee trinken und Sonnenblumenkerne knabbern.

Neben mir am Tisch wird für Touristen eine Teezeremonie vorbereitet. Eine hübsche junge Chinesin in einem eleganten roten Schlitzkleid mit Stehkragen, dem Qipao, richtet den Tisch und legt alles bereit, was sie braucht, um für die Gäste formvollendet Tee zuzubereiten. Die Gäste, zwei französische Paare, haben bereits die Kameras gezückt und strahlen voller Vorfreude.

Ich schaue nochmals in mein Notizbuch und lese das Gedicht, das ich eben bei meiner Recherche gefunden habe:

„Tee!
Duftende Blätter, zarte Triebe,
Sehnsucht der Dichter, der Mönche Liebe,
Gemahlen wie weiße Jade, gesponnen wie rote Seide,
Im Kessel kochen gelbe Blüten, im Becher wirbeln Pulverblumen,
Er lädt, des Nachts den Mondschein zu begleiten,
bei Dämmerung den Morgentau zu schaun,
Spült fort die Erschöpfung der Alten und Jungen, die er bis in den Rausch,
doch zum Unmaß nie triebe."

YUAN ZHEN (779-831), CHINESISCHER POET

Ich schliesse mein Büchlein und trete den Heimweg an.
Morgen werde ich auch an einer Teezeremonie teilnehmen, einer sehr privaten, für mich ganz allein.

„Pinsel und Papier, ein Bambuszweig verkünden Tugend. In der Schale duftet Tee, wir streben nach Vollendung.“

CHENG PAN CHIAO (1693–1765), CHINESISCHER POET

第四章 4

Mein letzter Tag in China. Die Zeit ist so schnell vergangen und doch kommt es mir vor, als ob ich schon lange hier wäre. Ich fühle mich hier so wohl, fast schon ein bisschen wie zuhause.
Für meinen letzten Tag hat Meister Lin mir etwas Besonderes versprochen: Er bereitet mir seinen Lieblingstee in einer Teezeremonie zu.
Er hat mir in den letzten Tagen soviel erklärt und gezeigt. Tee ist für mich nun keine geheimnisvolle Angelegenheit mehr, sondern ein sehr interessantes Feld, in dem ich immer mehr Neues und Wissenswertes entdecken kann.
Tee ist in China schon seit Jahrtausenden ein unverzichtbarer Bestandteil des täglichen Lebens. In einer chinesischen Redewendung heißt es, dass sieben Dinge in keinem Haushalt fehlen dürfen, nämlich Feuerholz, Reis, Öl, Salz, Soja, Essig und Tee.
Es hat sich rund um den Tee und das Teetrinken eine lange Tradition und Kultur entwickelt. Viele Mythen, Legenden und Gebräuche sind entstanden. So ist das Anbieten einer Tasse Tee ein traditionelles Zeichen für Gastfreundschaft. Ob in Restaurants, in Läden, unter Geschäftspartnern oder bei privaten Besuchen, Tee wird ohne Aufforderung angeboten und ein herzliches Willkommen damit ausgedrückt. Durch die lange Geschichte des Teetrinkens und die vielen unterschiedlichen Nationalitäten, die in China zusammenleben, gibt es im ganzen Land unterschiedliche Teetraditionen.
Und heute darf ich endlich an Meister Lins Teezeremonie teilnehmen. Ich habe gelesen, dass, je nachdem wer die Teezeremonie ausführt, ein und derselbe Tee ganz unterschiedlich schmecken kann. Ein wirklich guter Teemeister ist nämlich ein Künstler. Er kennt die Eigenschaften seines Tees gut, er beherrscht die Techniken, mit denen er das Teeblatt zur vollen Entfaltung bringen kann und mittels seiner Persönlichkeit wird aus der Teezubereitung und dem Teetrinken eine einzigartige Erfahrung.
Als genauso einen Teekünstler schätze ich Meister Lin nach diesen Tagen zweifelos ein. Ich kann es kaum erwarten, seine Teezeremonie zu erleben. Wie wird er sie gestalten? Was werde ich wohl Neues kennenlernen?

Heute sitzen wir nicht wie bisher in seinem Arbeitszimmer zum Teetrinken, sondern er hat mich in seinen Teeraum gebeten, der ausschließlich für seine Teezeremonien genutzt wird.

Neugierig trete ich ein. Viel gibt es nicht zu sehen. Bis auf einen schlichten, niedrigen Holztisch ist der Raum fast leer. Ich sehe weder Regale voll teuren Tees, noch lange Reihen wertvollen Porzellans.
Aber dieser fast leere Raum wirkt angenehm. Alles Überflüssige wurde weggelassen. Eine gelassene, beruhigende Atmosphäre ist hier zu spüren. Ich merke, wie ich umgehend ruhiger werde, und hier im Raum ankomme.

Auch all meine Fragen rund um den Tee und die Teezeremonie, all meine Gedanken, die ich auf dem Weg hierher noch hatte, sind auf einmal nicht mehr wichtig. Ich fühle mich irgendwie leicht und befreit.
„Nehmen Sie doch bitte Platz, Lena!", hinter mir ist der Meister in den Raum gekommen und setzt sich an den Teetisch. Wie immer strahlt er eine tiefe, innere Ruhe und Gelassenheit aus. Ich setze mich ihm gegenüber.
Heute ist er in ein hellgraues Gewand mit hohem Kragen im traditionellen chinesischen Stil gekleidet. An der Wand hinter ihm hängt eine Kalligraphie mit den vier Schriftzeichen: „天人合一 " Nicht so viele Striche, wie man sonst bei chinesischen Kalligraphien sieht, selbst hier alles reduziert auf das Wesentliche, damit nichts ablenkt. Aber was bedeuten diese Zeichen?
Fragen möchte ich jetzt lieber nicht. Die Stille und die Schlichtheit des Raumes haben mich irgendwie verlangsamt. Ich lasse mir Zeit.
„Bitte, Lena", höflich reicht mir der Meister ein kleines feuchtes Tuch, das angenehm warm ist. Dann nimmt er sich selbst eines. Ruhig und genussvoll reibt er damit langsam über Gesicht, Hals und Hände. Ich tue es ihm nach.
„So wischen wir den irdischen Staub von uns ab. Willkommen in der Teewelt!" Seine Stimme ist so sanft wie sein Lächeln. Immer mehr fühle ich, wie ich innerlich zur Ruhe komme. Aufrecht sitze ich an dem niedrigen Tischchen und bin gespannt, wie er den Tee zubereiten wird.
Ich habe mittlerweile viel über Tee gelesen und viele verschiedene Zubereitungsarten kennengelernt. Heutzutage trinkt man weltweit Tee auf so unterschiedliche Arten und Weisen wie nie zuvor in der Geschichte: Warm oder kalt. Mit oder ohne Milch, Sahne oder Zitrone. Gesüßt oder gewürzt, pulverisiert oder in ganzen Blättern. Gekocht oder aufgebrüht.
Aber all diese Methoden führen zurück zu den Wurzeln des chinesischen Tees, nur die Gewohnheiten haben sich in den verschiedenen Erdteilen unterschiedlich entwickelt.

Die schlichte, schwarz-weisse Kalligraphie an der Wand lässt mich nachdenken über die alte, fernöstliche Kultur, in der es für mich noch so viel zu Entdecken gibt!
Schon alleine in die Geschichte des chinesischen Tees zurückzublicken, ist faszinierend: Zuerst war Tee heilpflanzliche Medizin, dann Genussmittel der Oberschicht, später Begleiter der buddhistischen Meditation, dann Alltagsgetränk und dennoch stets ein kulturelles Symbol für Lebensphilosophie und Spiritualität. Die Entwicklung des Tees hat in China viele Phasen durchlaufen.

Die erste Aufzeichnung des chinesischen Schriftzeichens für Tee, „茶", wird auf das „Göttliche Buch

über Ackerbau und Heilpflanzen" zurückgeführt, das als das erste medizinische Buch weltweit gilt. Es wurde im 3. vorchristlichen Jahrhundert verfasst. Darin wird die entgiftende Wirkung des Teeblattes beschrieben, wildgewachsene Teeblätter wurden als Arznei eingesetzt.
Der erste kultivierte Teeanbau wurde zunächst durch Mönche betrieben und begann im Südwesten Chinas. Tee entwickelte sich langsam von seiner Funktion als Heilmittel zum Getränk der Oberschicht und verbreitete sich später in der ganzen Bevölkerung.
Der Übergang von der Nutzung der Teepflanze als Medizin bis hin zum Getränk und Genussmittel, soll sich in der Zhou-Dynastie (770 v. Chr.–256 v. Chr.) vollzogen haben.
Der Legende nach soll König Zhou seinen Soldaten vor einer Schlacht im südlichen Königreich Wu den Sud von Teeblättern zu Trinken gegeben haben. Das ungewohnte Klima hatte den Kampfeswillen seiner Truppe geschwächt und das Getränk soll sie wieder gestärkt haben. Wie auch immer es gewesen sein mag, in der Han-Dynastie (206 v. Chr.–20 n. Chr.) jedenfalls, hatte sich Tee als Getränk etabliert.
Die Tang-Dynastie (618–907) war das Goldene Zeitalter Chinas wirtschaftlicher, politischer und kultureller Entwicklung. Diese Zeit gilt auch als Wendepunkt der chinesischen Tee-Entwicklung. Hier entstand die Teekultur: Ausgefeilte Zubereitungstechniken, Rituale des Teetrinkens, die harmonische Gestaltung des Teetisches.
Wesentlich beigetragen zu dieser Entwicklung hat der als „Teegott" verehrte Lu Yu. Er lebte von 733 bis 804 n. Chr. Im Jahr 780 schrieb er das heute noch berühmte „Cha Jing", die erste Abhandlung über Tee überhaupt, die auch als „Die Heilige Schrift des Tees" bezeichnet wird. In drei Bänden und zehn Kapiteln behandelt Lu Yu praktisch jeden Aspekt der Teeherstellung und der Teekultur. Er beschreibt detailliert alle Zubereitungsmethoden der damaligen Zeit, die Teepflanze, die Bedeutung des Wassers und des Teegeschirrs.

Tee ist durch Lu Yu zu einem Kulturbegriff geworden, der mit Ästhetik und Intellekt gleichgesetzt wurde. In der Literatur wurde Tee ein beliebtes Thema, unzählige Gedichte aus dieser Zeit preisen den Teegenuss und die dabei erlebte Spiritualität.
Eines der berühmtesten Teegedichte heißt „Sieben Schalen Tee".

Der Dichter Lu Tong (795 – 835) beschreibt das Teetrinken und seine Empfindungen dabei so:

„Die erste Schale benetzt Lippen und Kehle.
Die zweite Schale vertreibt die Einsamkeit.
Die dritte Schale sickert mir tief ins Gemüt, das verdorrt war, von den Worten tausender Bücher.
Die vierte Schale macht mich leicht schwitzen, befriedet allen Kummer des Lebens und treibt ihn zu den Poren hinaus.
Die fünfte Schale läutert Fleisch und Knochen.
Die sechste Schale macht meinen Geist den Unsterblichen zum Genossen.
Die siebte zu trinken vermag ich nicht – ich spüre nur den klaren Windhauch, der sich in meinen Flügeln fängt."

In der Song-Dynastie (960-1279) wurden Teeblätter in Steinschalen zu Pulver vermahlen. Auf das Teepulver wurde nach und nach Wasser gegeben und das Ganze mit einem Bambusbesen aufgeschlagen, bis sich ein feiner Schaum bildete. Idealweise hatte der Schaum eine frische, weißlich-grüne Farbe und je länger sich dieser Schaum hielt, desto besser war der Tee. Die Teekunst dieser Zeit nannte man „die Schule der geschäumten Jade".
Die vom Zen-Buddhismus beeinflusste Teezeremonie entwickelte sich weiter und es entstanden Wettbewerbe unter den Gelehrten, an denen auch der Kaiser selbst teilnahm. Man wetteiferte um die Qualität, die Zubereitung, um besonders ästhetisches Zubehör und die Entdeckung neuer Sorten. Die Teekultur erlebte in der Song-Dynastie eine starke Weiterentwicklung: Die Porzellanherstellung verfeinerte sich und die ersten Teehäuser entstanden. Das Teetrinken war in allen gesellschaftlichen Schichten weit verbreitet, Gelehrte priesen das Getränk in ihren Werken.
So wie Wang Yuanzhi: Er rühmte den Tee, indem er erklärte, er würde seine Seele „wie ein dringlicher Aufruf durchfluten", seine zarte Bitterkeit erinnere ihn an den „Nachgeschmack eines guten Ratschlags".
Su Dongpo wiederum lobte die Kraft der „makellosen Reinheit des Tees", die sich „verderblichem Einfluss widersetze wie ein wahrhaft tugendreicher Mensch".

Es war in diesem Zeitalter, als Grüntee zur Pulver verarbeitet und verquirlt wurde, als sich der japanische Mönch Myoan Eisai (1141-1215) mehrfach in China aufhielt, um den Zen-Buddhismus zu studieren. Bei seiner Rückkehr nahm Eisai Teesamen und Teewissen mit nach Japan. Und das obwohl der Export von Teesamen oder -pflanzen unter der Androhung von Todesstrafe verboten war. Er schrieb das Werk „Kissa Yôjô ki", „Das Buch vom Teetrinken und der Gesundheit". Es war die erste japanische Monographie über Tee und diente als Grundlage des heutigen „Cha No Yu", eine der klassischen japanischen Teezeremonien.

Während die Methode des Teeschlagens in Japan immer beliebter wurde und sich als Ritual mit festen Regeln etablierte, entwickelt sich in China das Teetrinken in eine ganz andere Richtung. In der Ming-Dynastie (1368–1644) und der Qing-Dynastie (1644–1911) etablierte sich die „Schule des duftenden Blattes". Die Chinesen bevorzugten es nunmehr, die Teeblätter aufzugießen, statt sie zuerst zu Pulver zu vermahlen. Damit entstand auch die Vielfalt im Anbau der chinesischen Teesorten und die Grundlage für die bis heute praktizierte chinesische Teezeremonie „Gongfu Cha".

Die Zeit der „Schule des duftenden Blattes" war auch die Zeit, als der Tee nach Europa kam. 1610 brachten Schiffe der holländischen Ostindien-Gesellschaft den ersten Tee nach Europa. Vor allem die Engländer, bis dahin noch überzeugte Kaffeetrinker, fanden schnell Geschmack an dem exotischen Getränk. Zunächst war er aufgrund seines Preises dem Adel und der Oberschicht vorbehalten, aber bald konnte die ganze Nation Tee genießen. Er erfrischte, belebte, löschte den Durst und schmeckte den Briten überaus gut. Man sprach vom Tee als „jenem vorzüglichen und von allen Ärzten empfohlenen chinesischen Getränk, das von den Chinesen Tscha und von den anderen Völkern Tay oder auch Tee genannt wird". Wie alles Gute in der Welt traf auch die Verbreitung des Tees zunächst auf Kritiker. Jonas Hanway behauptete 1756 in seinem „Essay on Tea", dass „durch den Genuss von Tee Männer ihre geistige Überlegenheit und Attraktivität und Frauen ihre Schönheit" verlören.

Was für einen langen Weg der Tee zurückgelegt hat! Meine Gedanken sind weit in Chinas Vergangenheit, als ich Meister Lin sagen höre: „Neben der siebensaitigen chinesischen Zither, dem chinesischen Schach, der Kalligraphie, der Wassermalerei, der Dichtung und dem Wein wird der Tee als eine der sieben eleganten, künstlerischen Beschäftigungen der Gelehrten in China geschätzt. "
Mit diesen Worten beginnt Meister Lin eine kleine Vase mit Bambuszweigen zu arrangieren und das zarte Teegeschirr auf dem Tisch zurechtzurücken.
„Ja, da haben die Chinesen recht. Schon alleine dieses wunderschön geformte Teegeschirr ist doch ein ästhetischer Genuss", sage ich voller Bewunderung für die Künstler, die so zauberhafte Gebrauchsgegenstand erschaffen haben. Anstelle von Porzellan, welches ich in den vergangenen Tagen stets

bei ihm gesehen habe, benutzt er heute Teegeschirr aus Ton. Die Teekanne hat eine ganz glatte, geschmeidige Oberfläche. Ihre schlichte, runde Form ist sanft und perfekt, die Linie des Henkels zeigt eine schöne Präzision. Ich würde sie gerne in die Hand nehmen, der Ton hat eine warme Ausstrahlung, man will sie einfach berühren. Aber ich gedulde mich und warte ab.

Meister Lin sieht meinen Blick und schmunzelt: „Schönes Geschirr, die ideale Teemenge, die passende Wassertemperatur und die richtige Ziehzeit – das ist alles wichtig, um den Tee zur Entfaltung zu bringen. Aber eine Teezeremonie geht viel weiter. Eine Teezeremonie ist eine künstlerische Darbietung, in die die Gäste miteinbezogen werden. Es ist eine persönliche Erfahrung für alle. Und wie häufig in der fernöstlichen Kultur, kann diese Erfahrung nicht mit Worten beschrieben, sondern nur selbst erlebt werden. Denn wie heißt es im Daoismus: „Das Dao, das man benennen kann, ist nicht das wahre Dao."

Offensichtlich hat mein Blick eine gewisse gedankliche Überforderung verraten.

„Daoismus? Naja, davon habe ich schon gehört. Aber eigentlich weiß ich nicht so genau, was es damit auf sich hat."

Meister Lin lächelt mich an: „Das „Dao" ist der zentrale philosophische Begriff im berühmten „Daodejing", das vermutlich 400 v. Chr. in China entstanden ist. „Dao" bedeutet Weg, Prinzip, Sinn; „De" steht für Tugend und Güte; „Jing" bezeichnet eine klassische Textsammlung. Das „Daodejing" ist also ein sehr bedeutendes, philosophisches Werk, sozusagen die Gründungsschrift des Daoismus. Im weiteren Sinne umschreibt das Dao „das universale Prinzip", „den rechten Weg" oder „das kosmische Gesetz". Aus dem Dao entsteht die Welt und die Ordnung aller Dinge.

Diese Lehre und Weltanschauung existiert in China schon seit mehr als zweitausend Jahren und ist tief in das chinesische Denkmuster und Alltagsleben eingedrungen.

Die ganze chinesische Kultur – von der Literatur über die Musik, die Malerei bis hin zur Architektur und Medizin – all das wurde vom philosophischen Prinzip des Daoismus mehr oder weniger beeinflusst. Neben dem Konfuzianismus und dem Buddhismus zählt der Daoismus zu einer der drei großen Lehren, durch die China maßgeblich geprägt wurde."

„Interessant, erzählen Sie gerne mehr".

„Zur daoistischen Philosophie gehört die Fünf-Elemente-Lehre, auch „die fünf Wandlungsphasen" genannt. Dies sind Metall, Holz, Wasser, Feuer und Erde. Aus ihren Eigenschaften wird auf die Beziehungen zwischen der Natur, dem Menschen und dem Himmel geschlossen. Diese Fünf-Elemente-Lehre spiegelt sich in der Traditionellen Chinesischen Medizin wider, in der Akupunktur, im Taiji oder im Qigong.

Der Legende nach ist ein Weiser namens Laotse, der im 6. Jh. v. Chr. gelebt haben soll, der Autor

des Daodejing. Seine zentrale Aussage ist: „Das Dao, das definiert ist, ist nicht das ursprüngliche Dao."
„Das versteht man vermutlich erst, wenn man sich lange mit Philosophie und dem Daoismus beschäftigt hat", murmele ich, denn das ist mir nun doch etwas zu hoch.
„Ist Ihnen die kleine, über der Tür hängende Kalligraphie aufgefallen, als Sie hereinkamen?" Die zwei Zeichen darauf bedeuten *Cha Dao* 茶道, also wörtlich „Teeweg", oder auch: „Das Dao durch den Tee suchen".
Schauen wir uns das erste chinesische Zeichen an: Cha 茶 – Tee.

Die drei Teile dieses Zeichens von oben nach unten bedeuten 艸 Gras, 人 Mensch und 木 Holz. Das soll heißen, dass Tee eine Einheit von Mensch und Natur bildet. Das Teetrinken bedeutet für uns also einen geistigen Austausch mit der Natur, mit unserem Leben. Dieser Austausch ist besonders harmonisch, wenn die fünf Elemente Holz, Feuer, Erde, Metall und Wasser, die laut der daoistischen Lehre in der Natur vorkommen, vorhanden sind, die Teezeremonie also der Fünf-Elemente-Lehre entspricht. So, wie es Lu Yu in seinem „Cha Jing" beschreibt: Man benötigt frisch gekochtes Wasser, ein auf die Erde gestelltes Stövchen aus Metall, mit Holz erzeugtes Feuer. Sie sehen, Teetrinken vereinigt alle fünf Elemente, ganz nach dem daoistischen Gedanken. Die daoistische Philosophie wird also beim Teetrinken sichtbar und lebendig. So kann Teetrinken eine Suche nach daoistischer Ordnung und Harmonie sein.

Meister Lin setzt einen schwarzen, eisernen Wasserkessel auf einen kleinen Ofen, der von unten mit offenen Feuer erhitzt wird. Mit einem Fächer aus Federn facht er sanft das Feuer an. Ich bewundere seine eleganten und würdevollen Bewegungen, die ahnen lassen, wie oft er diese Zeremonie schon durchgeführt hat.
Er fährt fort: „Im Daoismus glaubt man daran, dass sich das Dao in dem „Von-selbst-so-Seienden" offenbart. Das soll heißen: Auf der Suche nach dem Dao ist Natürlichkeit und Wandlungsfähigkeit wichtiger als Verstand und Willenskraft. Dieser Gedanke ist auch ein Grund dafür, dass die chinesische Teezeremonie völlig anders gestaltet wird als die japanische. Sie ist weniger religiös geprägt und verläuft nicht nach strengen Regeln. Nach dem Dao muss man eben mit Wandlungsfähigkeit suchen. Und zwar in einer Teezeremonie, bei der man sich mit den fünf Elementen umgibt, um sich an der so entstehenden Harmonie zu erfreuen und um darin die Wahrheit zu suchen. Gibt es denn eine bessere Gelegenheit, als sich bei einer Teezeremonie zu entspannen, inneren Frieden zu erreichen und Glückseligkeit zu verspüren?"

Meister Lin wendet sich zwischendurch immer wieder dem Ofen zu. Man sieht ihm an, dass ihm jeder seiner Handgriffe Freude bereitet. Fast bekommt man den Eindruck, dass ihm diese Beschäftigung neue Energie verleiht. Wir warten geduldig darauf, dass das Wasser zu sprudeln beginnt.

„Natürlich gibt es bei der chinesischen Teezeremonie vieles zu beachten. Um einen Tee zu voller Entfaltung zu bringen, um ihm alle Aromen und Düfte zu entlocken, muss man die Eigenschaften des Tees gut kennen, das dazu passende Teegeschirr wählen und den Teetisch und auch den ganzen Teeraum entsprechend herrichten.

Aber eine Teezeremonie ist vor allem eine unschätzbar wertvolle Begegnung mit seinen Gästen. Und hier spielt die Kultur eine wichtige Rolle. Verschiedene Kulturen haben natürlich verschiedene Vorstellungen von der „idealen Gesellschaft".

China ist stark vom Konfuzianismus geprägt. Der Konfuzianismus ist beinahe genauso alt wie der Daoismus – nämlich mehr als zweitausend Jahre. Um die gesellschaftlichen Aspekte der chinesischen Teezeremonie verstehen zu können, sollten wir uns daher auch den Konfuzianismus noch etwas näher anschauen.

Die moralischen Lehren, die Konfuzius verbreitete und die von ihm empfohlene Lebensweise, werden in China bis heute als gesellschaftliches Ideal angesehen. Der Mensch als Teil der Gesellschaft soll stets nach moralisch-ethischer Vollkommenheit streben und sich hierfür an den „Fünf Konstanten" orientieren.

Eine dieser „Fünf Konstanten", um die sich der Mensch stets bemühen soll, ist die „Sittlichkeit".

Dieser Begriff hat nur wenig mit den deutschen Begriffen „Sitte" oder „Sittsamkeit" zu tun, sondern ist viel umfangreicher. In einer Teezeremonie etwa übt man Sittlichkeit durch eine respektvolle Begrüßung, durch eine gerechte Verteilung des Tees, durch Bedanken beim Überreichen des Tees, durch eine korrekte Körperhaltung.

Diese Art der „Sittlichkeit" macht das gemeinsame Teetrinken zu einer kultivierten, harmonischen Begegnung zwischen den Menschen. In einer respektvollen und höflichen Atmosphäre ist der Tee auch oft Anreger für einen tiefen Gedankenaustausch und für geistige Inspiration. Über diesen Charme der „Sittlichkeit" bei einer Teezeremonie liest man übrigens auch bei Heinrich Heine:

„Sie saßen und tranken am Teetisch,
Und sprachen von Liebe viel.
Die Herren waren ästhetisch,
Die Damen von zartem Gefühl."

Meister Lin holt ein Stück Duftholz aus einem kleinen Säckchen, kratzt ein wenig ab und legt es auf den Ofen. Kurz darauf trägt mich der holzige, orientalische und beruhigende Duft des Rauchs gedanklich in ferne Welten.

Ich erinnere mich an die Statue am Eingang zum Konfuzius-Tempel hier in Beijing. Konfuzius wird als sympathischer, alter Mann mit langem Bart und auf Brusthöhe verschränkten Händen in einem langen, weich fließendem Gewand dargestellt. Bei diesem Anblick denke ich sofort an die von ihm gepriesenen Tugenden wie Nächstenliebe, Gerechtigkeit und Weisheit.
Eine Geschichte, die ich gelesen habe, fällt mir ein. Da wird Konfuzius von einem seiner Schüler gefragt, was sittliches Verhalten sei und er antwortet:

„Sittlichkeit bedeutet: Begegne den Menschen mit der gleichen Höflichkeit, mit der du einen wertvollen Gast empfängst. Behandle sie mit der gleichen Achtung, mit der ein großes Opfer dargebracht wird. Und was du selbst nicht wünschst, das tue auch anderen nicht an. Dann wird es keinen Zorn gegen dich geben – weder im Staat noch in deiner Familie."

Kommt eigentlich diese zurückhaltende Anmut, die Meister Lin ausstrahlt vom Einfluss der konfuzianischen Kultur? So muss es wohl sein.
Nach seinen ruhigen, interessanten Ausführungen bemerke ich, wie der Meister mehr und mehr in seiner Teezeremonie versinkt. Als ob es eine wortlose Kommunikation zwischen seinen Händen und den Teeutensilien vor ihm gäbe. Mit großer Behutsamkeit und einem eigenen Rhythmus legt er das Teetuch, die Trinkschälchen, die hohen Riechtassen bereit. Er stellt die Teekanne zurecht und platziert ein Bambusgefäß mit Pinseln, Löffeln und Zangen auf dem Tisch.
Die traditionelle Zithermusik, die die ganze Zeit im Raum zu hören war, dreht er herunter, sie ist jetzt mehr zu erahnen als zu hören. Ich muss fast den Atem anhalten, um diesen feinen, geheimnisvollen Klang noch vernehmen zu können.
Dieser Raum, der Teemeister, der Geruch, die ganze Atmosphäre – alles vor meinem Auge, in meiner Nase und in meinem Ohr ist so neu und gleichzeitig so vertraut. Ich fühle mich geborgen und kann Gedanken zulassen, die ich sonst wohl immer wieder verdrängt hatte. Ich fühle mich angekommen, bin ganz im Hier und Jetzt. Ich spüre eine tiefe Entspannung, ein schönes Gefühl.

Ich betrachte die kleine Vase mit den Bambuszweigen. Scheinbar mühelos entsteht durch die klaren Linien und die natürlichen Formen der Blätter und Zweige eine fernöstliche Ästhetik, eine schlichte und bescheidene Schönheit.
In der Mitte des Tisches hat der Meister ein „Teeboot" platziert. Ein hölzernes, durchbrochenes Tablett mit einer darunterliegenden Auffangwanne für Wasser. Auf dem Teeboot stehen die kleine Tonkanne und die Servierkanne aus Glas. Diese Kanne nennt man die „Tasse der Fairness". Jeder Aufguss wird von der Tonkanne zunächst in diese Glaskanne gegeben, dabei wird der Aufguss von den Blättern getrennt und gleichmäßig auf jede Tasse verteilt.
Vor dem Teeboot sind auf einem langen Leinentuch die Trinkschälchen und die hohen, schlanken Riechbecher aufgereiht. Die kraftvolle Kalligraphie an der Wand mit der satten schwarzen Farbe ist wie ein Stützpunkt hinter seinem Rücken. Meister Lin bemerkt meinen Blick.
„Ich helfe Ihnen beim Übersetzen: 天人合一 bedeutet „Natur und Mensch im Einklang". 天 *Tian* heisst Himmel, 人 *ren* ist der Mensch, 合一 *heyi* bedeutet: eins werden."
Endlich entschlüsselt mir der Meister die Bedeutung dieser Kalligraphie. Das ist ja der zentrale daoistische Gedanke: „Der Mensch sei mit der Natur im Einklang." Und das kann mit vier so schlichten Zeichen ausgedrückt werden. Eine faszinierende Sprache, dieses Chinesisch.

Soweit ich verstanden habe, existiert das Dao überall. Ob wir Menschen, die Welt oder der Kosmos – alle laufen auf eigenen Gleisen und haben eigene „Eigenschaften". Wenn wir, ohne eine rosarote Brille aufzusetzen, die Welt betrachten, ohne Zwang, ohne Zielsetzung, dann können wir uns mit der Welt in Einklang bringen, dann können wir das wahre Dao erkennen, dann können wir spirituelle Freiheit erlangen.

„Lena, wie ich Ihnen bereits erklärte, muss man beim chinesischen Teeweg keinem so strikten Ablauf folgen wie beim japanischen Zentee. Auch hier gilt ein zentraler Gedanke des Daoismus: *„Wu Wei"*. Wörtlich bedeutet das „nichts tun" oder „nach nichts streben". In seiner Entwicklung ist Teedao zunächst eine Suche von Dichtern und Denkern, Literaten und Künstlern nach den Idealen des Dao. In Japan hingegen war die Teezeremonie, der Zentee, ursprünglich ein religiöses Ritual der Mönche. Daher der ganz strenge Ablauf der japanischen Teezeremonie.
Dennoch sind einige zen-buddhistische Konzepte auch in der chinesischen Teezeremonie präsent, wie etwa die Gegensätze von „leer" und „voll", die Idee „vom Kleinen auf das Ganze zu schließen", die meditative Konzentration auf den Moment.
Wenn wir das, was wir eben über die drei großen chinesischen Lehren gelernt haben im Zusammen-

hang mit der Teezeremonie betrachten, dann sehen wir, dass sich Elemente von Daoismus, Konfuzianismus und Zen-Buddhismus in der Teezeremonie widerspiegeln.
Lena, in den letzten Tagen haben wir gemeinsam viel guten Tee getrunken und viele gute Gedanken dabei ausgetauscht. Wir sind zu „Teefreunden" geworden, wie wir Chinesen sagen. Deswegen möchte ich Sie heute zum Teedao einladen und meine spirituelle Teewelt mit Ihnen teilen. Eine Teezeremonie zwischen uns beiden, zwischen dem Tee und Ihnen, zwischen Ihnen und Ihrem Inneren."

Mit diesen Worten ist Meister Lin mit seiner Einführung in die Welt des Tees zum Ende gekommen. Es herrscht Stille im Raum. Ich spüre eine leichte Spannung in mir. So viel Wissen über den chinesischen Tee, über die chinesische Kultur und die chinesische Geschichte ist in diesen letzten Abend meines Aufenthaltes in Beijing geflossen.
Ich spüre regelrecht die geschichtliche Schwere und den kulturellen Reichtum, der diesen Raum erfüllt und diese Teezeremonie begleitet. Ich bin konzentriert, will mit allen Sinnen sehen, hören, riechen, schmecken, fühlen und meine Gedanken frei fließen lassen. Meister Lin hält inne und sitzt ganz still. Er wirkt nun sehr ernst. Langsam beugt er seinen Oberkörper zu mir, er sieht mich an, seine Augen strahlen Wärme aus.
Instinktiv beuge auch ich mich vor, in Dankbarkeit und Verbundenheit zu diesem Mann, der mir in den vergangenen Tagen die Tür zu einer so wunderbaren Welt geöffnet hat – die Tür zur Welt des Tees. Jedes Wort ist überflüssig, der Raum ist erfüllt von Harmonie, gegenseitigem Verständnis und gegenseitiger Achtung.

Auf einem länglichen Schäufelchen präsentiert der Meister den heutigen Tee, die „Große Rote Robe", wie er übersetzt heißt. Ein halbfermentierter Oolong, die ebenso berühmte Teeschwester der „Eisernen Göttin der Barmherzigkeit", deren Legende er mir vor einigen Tagen erzählt hat.

Ich betrachte die kräftigen, dunkelgrünen Blätter, die länglich gerollt sind. Auch dieser Tee hat eine Geschichte, die zu seinem Namen „Große Rote Robe" geführt hat:
Während der Ming-Dynastie gab es einen jungen Mann, der auf seinem Weg zur Beamtenprüfung krank wurde und sich in einem Kloster auskurieren musste. Die Mönche pflegten ihn aufopfernd und bereiteten ihm täglich Tee zu. Er wurde geheilt und konnte noch rechtzeitig an der Prüfung teilnehmen. Er bestand mit Auszeichnung, war fleißig und wurde schon in jungen Jahren ein hoher, geachteter Beamter. Eines Tages beschloss er die Mönche aufzusuchen, die ihm geholfen hatten, um ihnen zu danken. Außerdem wollte er herausfinden, welcher Tee ihn damals so schnell gesund werden ließ.
Die Mönche freuten sich über seinen Besuch und nahmen ihn mit in das von steilen Felsen geprägte Wuyi-Gebirge in der ostchinesischen Provinz Fujian. Dort zeigten sie ihm die uralten Teebäume, aus deren Blättern sie den Tee gewannen, der ihn geheilt hatte. Er nahm die große rote Robe ab, die er vom Kaiser als Auszeichnung für seine Verdienste bekommen hatte und legte sie als Zeichen seines Dankes auf einen der Teebäume.
Noch heute sollen sechs dieser ursprünglichen Teepflanzen existieren. Sie sind über 350 Jahre alt. Aus diesen Mutterpflanzen kann natürlich jährlich nur sehr wenig Tee gewonnen werden. Dieser äußerst seltene Felsentee ist daher überaus kostbar und wird nur auf Auktionen gehandelt. Aber für den täglichen Genuss gibt es ebenfalls hochwertigen, aber durchaus erschwinglichen „Große Rote Robe-Tee" von anderen Teebäumen, die ebenfalls in den Wuyi-Bergen kultiviert werden.

Meister Lin beginnt zunächst mit dem aufgekochten Wasser das Teegeschirr zu reinigen. Er gießt es in die Kanne und in die Tassen, schwenkt sie und schüttet das Wasser wieder aus. Ganz vertraut ruht die Kanne in seinen Händen. Sanft und fließend sind seine Bewegungen. Wie beim Taiji, der alten chinesischen Form der Körperübung, bewegt sich der Meister ruhig und dennoch kraftvoll, fließend und natürlich. Still bewundere ich die Ästhetik dieser Vorführung.

Mit dem aufsteigenden Dampf und der sich ausbreitenden Wärme wirkt plötzlich alles weicher und langsamer. Noch bevor er den Tee in die Kanne gibt, meine ich den Duft von Tee wahrzunehmen. Bis mir klar wird: Das ist die Kanne! Das ist das Gedächtnis einer guten, sich schon lange im Gebrauch befindlichen Zisha-Kanne! Nun erinnere ich mich an seine Worte: „Der gespeicherte Duft eines Tees macht eine Zisha-Kanne zu einem lebenslangen Begleiter und jede Benutzung ist eine neue Begegnung mit schönen Erinnerungen."
Nun liegen die Teeblätter auf dem aufgewärmten Kannenboden. Er nimmt den Wasserkessel und mit eleganten, geübten Bewegungen gießt er das Wasser abwechselnd in hohem Bogen, dann wieder aus

nächster Nähe in die Kanne, wobei der Wasserbogen mal ruhig, mal plätschernd fließt. Diese Technik soll an einen langen Bach erinnern, der an verschiedenen Stellen seines Laufs ganz unterschiedlich klingt.

Die Teeblätter sollen auf diese Weise langsam erwachen und aus ihrem vertrockneten Zustand ins Leben zurückkehren.

Für den ersten Aufguss ist der Tee nur wenige Augenblicke gezogen, als Meister Lin ihn schon in die Servierkanne abgießt. Hellgelb ist er, in dem gläsernen Gefäß kann man die Farbe schön erkennen. Aber statt den Tee nun auf die Tassen zu verteilen, begießt er damit die geschlossene Teekanne. Das Wasser rinnt direkt vom Teeboot in die darunterliegende Wanne.

Ein intensiver Duft breitet sich im Raum aus, blumig, mit einer Nuance von Süße. So wird die Kanne von außen gepflegt, die porige Oberfläche der Zisha-Kanne nimmt die Teearomen auf und speichert sie.

Ich habe gelernt, dass dieser erste Aufguss auch der „Aufguss für den Feind" genannt wird. Mit ihm werden die Teeblätter gespült und die Kanne gepflegt, aber er wird nicht getrunken.

Nun kommt der zweite Aufguss: Der Meister gibt erneut Wasser in die Kanne, lässt den Tee einige Momente lang ziehen, gießt ihn wieder in die Servierkanne und verteilt ihn dann in die hohen Aromabecher.

Er füllt die Becherchen bis an den Rand. Dann nimmt er ein Trinkschälchen und stülpt es wie einen Deckel über den Aromabecher. Mit Daumen, Zeige- und Mittelfinger ergreift er Deckel und Becher gleichzeitig. Dann dreht er sie um und stellt sie auf den Tisch. Er bedeutet mir, einen der Aromabecher hochzuheben.

Ich hebe ihn vorsichtig an und gluckernd fließt der Tee in das Trinkschälchen.

Meister Lin zeigt mir, wie ich den Riechbecher zwischen meinen beiden Händen rollen und dabei die flüchtigen Aromen mit der Nase entdecken kann. Mehrere hundert Duftelemente soll es im Tee geben. Sie entfalten sich jeweils bei unterschiedlichen Temperaturen, weshalb man ruhig eine Weile schnuppern kann, denn mit der absinkenden Temperatur kommen nach und nach immer weitere Aromen zum Vorschein. Ich nehme mir Zeit, versuche abzuschalten und mich zu konzentrieren. Was rieche ich? Frische Waldluft, blumige Frühlingsfreude – oder eher bitter-süßen Lebensgeschmack? Es ist zu komplex, um mit Worten beschrieben zu werden. Ich spüre, wie dieser so wohltuende Duft belebt und reinigt.

Dieser zweite Aufguss wird der „Aufguss des guten Duftes" genannt, denn jetzt sind die verschiedenen Aromen am besten zu entdecken.

Der dritte und alle weiteren Aufgüsse werden als „Aufguss der langen Freundschaft" bezeichnet. Ich trinke mein Schälchen jeweils in drei Schlucken leer: Ein Schluck für die Erde, ein Schluck für den

Himmel, ein Schluck für den Menschen. Die folgenden Aufgüsse, insgesamt sechs oder sieben, sind eine Überraschung nach der anderen. Vom kräftigen Zitronengelb bis zum zarten Rotgelb sehen wir eine ganze Farbpalette. Von vollmundig, blumig, bitter-süß bis zu einem leicht fruchtigen Geschmack erleben wir mit jedem Aufguss etwas anderes.
Ich versuche diesen Moment für immer in meinem Gedächtnis zu bewahren. Erst nach und nach begreife ich, was ich in den letzten Tagen hier in China gelernt und erlebt habe.
Ich spüre das Leben, ich spüre die Verbindung zwischen Meister Lin und mir, spüre mich und bin dankbar für all diese Erfahrungen.

„Vielen Dank, liebe Lena, ich habe diese Teezeit mit Ihnen sehr geschätzt". Mit einem Seidentuch trocknet er die letzte Teetasse und deckt sie zu. Mit diesen Worten bringt mich Meister Lin von meiner wunderschönen Teereise zurück ins Hier und Jetzt.
Ich bedanke mich mit einer leichten Verbeugung, verabschiede mich von Meister Lin und trete aus dem Teeraum.
Der winterliche Wind streicht über mein Gesicht. Es ist schon längst dunkel. Was für ein klarer Sternenhimmel! Ich spüre ein Lächeln von Innen aufsteigen. Es ist das zärtliche Lächeln meines Herzens.

Einige Jahre sind seit dieser Zeit in China vergangen, aber das Erlebnis der Teezeremonie mit Meister Lin ist immer noch ganz frisch in meiner Erinnerung. In meinem Leben hat sich viel verändert. Ob das mit dem Aufenthalt in China zu tun hat, mit dem Entdecken der Welt des Tees oder der Begegnung mit meinem Teemeister, vermag ich nicht zu sagen.
Aber es gibt seitdem eine feste Teezeit in meinem Leben. Und diese ist für mich ein wichtiger Anker im Alltag geworden. Ich wünsche jedem Menschen, einen solchen Anker zu finden, seinen Teeweg zu gehen und die Tür zur Welt des Tees für sich zu öffnen, um in sie eintauchen zu können, wann immer er will.

Traditionell wird in China zum Tee ein kleiner Snack geknabbert. Besonders beliebt sind geröstete Sonnenblumenkerne, ein Schälchen mit Nüssen, Tee-Eier oder gekochte Teigtaschen. In der westlichen Teewelt, bei den Briten etwa, geht es zur Teestunde mitunter auch recht herzhaft zu, etwa mit Sandwiches, Scones und Clotted Cream. In Deutschland genießt man, der Kaffee-und-Kuchen-Kultur entsprechend, zum Tee gerne feines Gebäck oder Kuchen.

Tee, besonders der chinesische Tee, eignet sich durch seine zarten bis kräftigen Aromen auch hervorragend zum Kochen, Backen, für Desserts, Eistee oder Cocktails. Wir haben Ihnen ein paar Anregungen zusammengestellt und wünschen Ihnen viel Freude beim Ausprobieren und Genießen.

CHINESISCHE TEE-EIER

10 Eier
30 g frischer Ingwer
1 Frühlingszwiebel
130 ml Sojasauce
20 g chinesischer Grüntee
1 Sternanis
1 gehäufter EL Salz

Die Eier hartkochen und mit kaltem Wasser abschrecken. Mit einem Löffelrücken die Eierschalen rundum leicht anschlagen, so dass der Teesud die Innenseite der Eier schön marmorieren kann.
Für den Teesud den Ingwer schälen, in Scheiben schneiden, Frühlingszwiebeln waschen und in Stücke schneiden.
2 Liter Wasser zusammen mit Sojasauce, Grünteeblättern, Sternanis und Salz in einen Topf geben.
Die Eier hineinlegen und das Ganze zum Kochen bringen. Die Hitze reduzieren und 2 Stunden auf kleiner Stufe köcheln lassen. Anschließend im Fond kalt werden lassen.

CHINESISCHE TEIGTASCHEN

250 g Mehl
20 g frischer Ingwer
80 g Chinakohl
1 Frühlingszwiebel
200 Schweinehackfleisch
½ TL Salz
3 EL dunkle Sojasauce
1 EL helle Sojasauce
1 Ei

Aus dem Mehl mit 150 ml Wasser einen glatten Tag bereiten und ½ Stunde ruhen lassen.
Danach nochmals durchkneten und zu einer daumendicke Rolle formen, in 24 Stücke schneiden und jeweils handtellergroß ausrollen.

Für die Füllung den geschälten Ingwer fein hacken, die Chinakohlblätter in feine Streifen schneiden, das Grün der Frühlingszwiebeln in dünne Ringe schneiden.
Das Gemüse zusammen mit den restlichen Zutaten und dem Hackfleisch mischen und kräftig abschmecken.

Nun eine Teigplatte in den Handteller legen, 1 TL Füllung mittig hineinsetzen, zusammenklappen und die Ränder so fälteln, dass die Taschen im Wasser nicht aufgehen können.

In einem ausreichend großen Topf Wasser zum Kochen bringen, die Teigtaschen hineingeben und die Hitze reduzieren. Nach ca. 12 Minuten probieren, ob sie gar sind.

Serviert werden diese „Jiaozi" mit einer Mischung aus chinesischem Chinkiang-Essig und Sojasauce: Je nach Geschmack etwa zu gleichen Teilen in ein Schälchen geben, Ingwerstreifen, Schnittlauch-Röllchen oder Chili-Röllchen darunterrühren. Die Teigtaschen in die Sauce dippen und genießen.

EISTEE MIT CHINESISCHEM KEEMUN

13 g chinesischen Keemun-Schwarztee
500 ml sprudelnd kochendes Wasser
170 g Kandiszucker
2 Zitronen, in dünne Scheiben geschnitten
Reichlich Eiswürfel

Teeblätter überbrühen und 15 Minuten ziehen lassen.
Durch einen Teesieb in einen dickwandigen Glaskrug gießen.
Kandis hinzufügen und umrühren, bis er aufgelöst ist.
Abkühlen lassen bis der Tee handwarm ist. Anschließend im Kühlschrank mindestens 3 Stunden durchziehen lassen, gerne auch länger.
Mit Eiswürfeln servieren.

MATCHA-EISCREME

1 EL Matcha-Pulver
1 Dose gezuckerte Kondensmilch
500 g Schlagsahne

Das Matcha-Pulver nach und nach mit der Kondensmilch verrühren, am besten zunächst eine kleine Menge anrühren und dann den Rest der Milch dazugießen, bis eine glatte, grüne Masse entstanden ist.
Die Sahne steifschlagen und unter die Masse heben.
In eine Dose mit Deckel füllen, glattstreichen und im Gefrierfach fest werden lassen.

TEEGEBÄCK MIT EARL GREY

250 g weiche Butter
80 g Zucker
½ TL Salz
4 g Earl Grey Teeblätter (Schwarztee mit Bergamotte-Öl)
300 g Mehl
4 EL Zucker
3 g Earl Grey Teeblätter

Butter und Zucker schaumig rühren, Salz dazugeben.
Aus 4 EL sprudelnd kochendem Wasser und den 4 g Teeblättern einen starken Aufguss zubereiten, 5 Min. ziehen lassen und zum Butter-Zucker-Gemisch geben.
Das Mehl dazugeben und gut verkneten.
Den Teig in Folie 1 Stunde lang im Kühlschrank ruhen lassen, anschließend zwei Teigrollen daraus formen.
Den restlichen Zucker mit 3 g Teeblättern vermischen und die Arbeitsfläche damit bestreuen.
Die beiden Teigrollen darin wälzen und nochmals 1 Stunde lang kaltstellen.
Die Teigrollen in ca. 6 mm dicke Scheiben schneiden und im auf 180 Grad vorgeheizten Backrohr 10–15 Minuten lang backen. Das Gebäck soll nur zart gebräunt sein.

TRADITIONELLES ENGLISCHES ORANGEN-HAFER-GEBÄCK

250 g Weizenmehl
1 TL Backpulver
1 TL gemahlener Zimt
1 Prise Salz
125 g brauner Zucker
80 g Feinzucker
1 Ei
1 TL Orangenschale
250 g blütenzarte Haferflocken
180 g gehackte Walnüsse

Den Ofen auf 180° C vorheizen.
Mehl, Backpulver, Zimt und Salz vermischen.
Braunen und weißen Zucker mit der Butter verrühren, Ei und Orangenschale hinzufügen und schaumig rühren. Die Mehlmischung dazugeben und alles kräftig verrühren.
Anschliessend die Haferflocken und die Nüsse untermengen. Mit den Händen Kugeln formen, diese flach drücken und auf ein mit Backpapier ausgelegtes Blech legen.
15 Minuten lang bei 180°C backen.

CHINESISCHE MANDELKUCHEN

200 g Mehl
1 TL Backpulver
100 g Puderzucker
1 gute Messerspitze frischer, geriebener Ingwer
50 g geriebene Mandeln
1 Eigelb
5 EL Speiseöl
3 EL Weinbrand
ca. 20 ganze, abgezogene Mandeln für die Dekoration

Das Backrohr auf 180° C vorheizen. Gesiebtes Mehl, Backpulver und Puderzucker vermischen. Die geriebenen Mandeln, Ingwer, Eigelb, Öl und Weinbrand dazugeben und alles zu einem festen Teig verkneten. Kleine Kugeln formen, auf ein mit Backpapier ausgelegtes Blech legen, etwas flach drücken und mit jeweils einer abgezogenen Mandel dekorieren.
15 bis 20 Minuten lang bei 180° C backen.

GARNELEN MIT DRACHENBRUNNEN-TEE

1 kg frisches Garnelenfleisch
1,5 g Drachenbrunnen-Tee (Longjing Tee)
1 Eiweiß
2 g Gelber Reiswein (Shaoxing-Wein)
3 g Salz
2,5 g Glutamat (optional)
40 g Speisestärke
75 g Schweineschmalz

Die Garnelen schälen, abspülen und entdarmen. Das Garnelenfleisch mit Salz, Glutamat und Eiweiß in einer Schüssel verrühren bis eine klebrige Masse entsteht, dann die Speisestärke hinzufügen.

Den Longjing-Tee mit 50 ml siedendem Wasser aufbrühen, eine Minute ziehen lassen und bis auf 10 ml Teesud alles abgießen. Nur dieser Rest an Teesud und die Teeblätter werden weiter verwendet.

Das Schweineschmalz in einem Wok oder einer Pfanne erhitzen und das Garnelenfleisch dazugeben. 15 Sekunden lang bei guter Hitze pfannenrühren. Das Garnelenfleisch herausnehmen, das Öl bis auf 1 EL abgießen. Diesen verbliebenen EL Öl erneut erhitzen, das Garnelenfleisch, den Teesud und die Teeblätter hineingeben, und mit dem Shaoxing-Wein, Salz und (optional) Glutamat würzen. Eine Minute pfannenrühren und sofort servieren.

CHINA MEETS INDIA

Indischer Chai mit chinesischem Tee

10 schwarze Pfefferkörner
4 grüne Kardamonkapseln
6 Nelken
1 Stange Zimt
1 Scheibe frischer Ingwer
6 g Chinesischet Keemun-Tee
500 ml Milch

Die Gewürze im Mörser grob zerstoßen und zusammen mit dem Ingwer in 500 ml Wasser einmal aufkochen lassen, den Tee und die Milch hinzufügen, noch einmal aufkochen lassen, ganz nach Geschmack mit Zucker oder Honig süßen und durch ein Sieb abgießen.

„Drei Dinge auf der Welt sind höchst bedauernswert: Das Verderben bester Jugend durch falsche Erziehung, das Schänden bester Bilder durch gemeines Angaffen und die Verschwendung besten Tees durch unsachgemäße Behandlung.“

KAISER HUI-TSUNG (1101-1125)

GLOSSAR

Chinesischer Tee hat einen chinesischen Namen. Könnte man meinen. Ist aber nicht immer so. Und damit wird es manchmal für den Freund chinesischer Tees etwas herausfordernd, aber auch interessant: Denn im Handel finden Sie auf der Verpackung manchmal den chinesischen Namen – und den häufig in ganz unterschiedlichen Schreibweisen – manchmal eine deutsche und manchmal eine englische Übersetzung.

So kann etwa der sehr beliebte Weiße Tee „Bai Mu Dan" mal als „Weiße Pfingstrose", mal als „White Peony" oder als „Pai Mu Tan" bezeichnet sein. Und wenn Sie nach China reisen, um dort ihren Tee einzukaufen, dann müssten Sie eigentlich auch noch die chinesischen Schriftzeichen dazu kennen...

Hier finden Sie einen kleinen Überblick über die wichtigsten Vertreter der Teefamilie mit ihren unterschiedlichen Namen, auf die Sie auf Ihrer Reise durch die Welt des chinesischen Tees stoßen könnten.

Weißer Tee

Bai Mu Dan | 白牡丹 | Weiße Pfingstrose | Pai Mu Tan

Ein Klassiker unter den Weißen Tees. Häufig werden „two leafes and a bud" (die zwei obersten Blätter und die noch zusammengerollte Blattknospe) verwendet, bei sehr guten Qualitäten sogar nur „one leaf and a bud". Im Geschmack ist er vergleichsweise kräftig, weich, erfrischend, blumig, er hat eine zart bis sonnig gelbe Tassenfarbe.

Bai Hao Yin Zhen | 白毫银针 | Weißhaar-Silbernadel | Silver Tips, Silver Needle

Der zweite bedeutende Weiße Tee: Für ihn werden ausschließlich die Blattknospen verwendet. Bai Hao bedeutet „weißes Haar", Yin Zhen steht für „silberne Nadel". Wenn Sie sich die mit weißem zarten Flaum bedeckten, nadelförmigen Teeblatt-Knospen ansehen, wird klar wie es zu dieser Bezeichnung kam. Der Geschmack ist sehr zart und fein, aber dennoch aromatisch. Sehr helle Tassenfarbe.

Gelber Tee

Jun Shan Yin Zhen | 君山银针 | Gelber Tee vom Jun Shan | Yellow Buds, Yellow Sun

Der Berg Jun Shan liegt in einem malerischen See in der Provinz Hunan. Der echte Jun Shan Yin Zhen wird nur in sehr geringen Mengen produziert und gehört zu den edelsten Tees, die China zu bieten hat. Typisch für den Gelben-Tee-Geschmack sind Grüntee-Aromen, brotig-nussige Anklänge und fast immer eine süße Note. Er hat einen geringen Koffeeingehalt und ist auch für die Abendstunden geeignet. Die Tassenfarbe ist goldgelb bis zartbraun.

Chinesischer Name | Chinesische Schriftzeichen | Deutscher Name bzw. Übersetzung | Weitere häufige Bezeichnungen

Grüner Tee

Long Jing | 龙井茶 | Drachenbrunnen-Tee | Dragon Well, Lung Ching

Der echte Long Jing (wörtlich Drachen-Brunnen) kommt aus der Region um die Stadt Hangzhou. Charakteristisch ist seine Form aus flach gepressten Blättern. Leicht, süßlich, nussig und vor allem die ganz typische, herbe Grüntee-Note machen ihn aus. Die Tassenfarbe ist hell-bis mittelgrün in allen Nuancen.

Bi Luo Chun | 碧螺春 | Jade-Schnecke des Frühlings | Pi Lo Chun

Sein ungewöhnlicher Name beruht auf seinem Aussehen und seiner Erntezeit: Im Frühling gepflückter jadegrüner Tee, der zu kleinen Spiralen gedreht wird. Fruchtig-blumige Noten, die manchmal an Pfirsich erinnern, verbunden mit einer präganten herben Grüntee-Note kennzeichnen diesen beliebten, erfrischenden Tee. Er hat eine helle Tassenfarbe und kann sich – je nach Qualität – auch für mehrere Aufgüsse eignen.

Zhu Cha | 珠茶 | Perlen-Tee | Gunpowder

Gunpowder ist der übliche Handelsname dieses einfachen Alltagstees. Wörtlich übersetzt heisst er Perlen-Tee, weil große Blätter aus der Sommerernte zu kleinen runden Perlen gerollt werden. Und eben diese Kügelchen erinnern an Schrotkugeln, daher sein englischer Name „Schießpulver" unter dem er außerhalb Chinas bekannt geworden ist. Gunpowder-Tees sind meist kräftig-herb, kernig und frisch und haben eine typisch gelbe Tassenfarbe.

Mao Feng | 毛峰 | Haarige Spitze | White Monkey

Mao Feng wird in vielen Regionen Chinas produziert, das Original stammt aus der Region um den Huang Shan, den Gelben Berg, in der Provinz Anhui. Er bekam seinen Namen wegen der zarten hellen Härchen der Blattknospen und der spitzen Form. Erfrischend, leicht und fruchtig bei gelb-grüner Tassenfarbe ist er ein besonderer Genuss.

Schwarzer Tee

Qimen Hong Cha | 祁门红茶 | Keemun-Schwarztee | Qi Hong

Die Region um Qimen in der Provinz Anhui ist die Heimat dieses Schwarztees. Eine andere Schreibweise für Qimen ist Keemun, das ist der gebräuchliche Handelsname. Hong Cha steht für Schwarztee (wörtlich „roter Tee"). Keemuns sind weich, leicht rauchig und können schokoladig-süss sein. Sie haben meist eine rotbraune, glänzende Tassenfarbe.

Min Hong Cha | 闽红茶 | Fujian-Schwarztee | Fujian Hong Cha

Die Provinz Fujian und besonders die Orte Tanyang, Bailin und Zhenghe sind die Wiege des Min Hong Cha. „Min" steht für den gleichnamigen Fluss. Wenn Sie also einem Tanyang Golden Monkey, einem Bailin Superior oder einem Zhenhe Hong Cha begegnen, wissen Sie, dass es sich um einen Schwarztee aus Fujian handelt. Min Hongs haben die vielleicht meiste Süße von allen Schwarztees, dafür auch nicht die Kräftigkeit eines Yunnans oder die Malzigkeit eines Assam. Die Tassenfarbe ist zumeist hell-kupferfarben.

Dian Hong Cha | 滇红茶 | Yunnan-Schwarztee | Golden Yunnan

In der Provinz Yunnan wird die Teepflanzen-Variante „Da Ye Zhong" (Gross-Blatt-Sorte) oder botanisch „Camellia sinensis var. assamica" angebaut. Das „Dian" im chinesischen Namen bezieht sich auf den Dianchi-See bei Kunmin, der Provinz-Hauptstadt. Der englische Begriff „Golden Yunnan" beschreibt die zahlreichen goldenen Blattspitzen. Yunnan-Schwarztee ist kräftig, voll, malzig und hat eine gelbbraune Tasse.

Chinesischer Name | Chinesische Schriftzeichen | Deutscher Name bzw. Übersetzung | Weitere häufige Bezeichnungen

Oolong-Tee

Dong Fang Mei Ren | 东方美人 | Westliche Schönheit | Oriental Beauty, Eastern Beauty

Der Klassiker unter den teilfermentierten Tees stammt ursprünglich aus Taiwan.
Die im chinesischen Namen beschworene „westliche Schönheit“ soll angeblich Queen Victoria gewesen sein. Interessant ist seine Herstellungsmethode: Er wird aus von Zikaden befallenen Teebüschen gewonnen. Die Bißschäden am Blatt bewirken, dass die Fermentation noch am Strauch einsetzt. Die Pflanze produziert Abwehrstoffe, die dem Tee eine süße Note verleihen. Manche Oriental Beautys erinnern an reifes Obst, Schokolade und geröstete Pinienkerne. Sie haben zumeist eine goldgelbe Tassenfarbe.

Wuyi Yan Cha | 武夷岩茶 | Felsentee | Wuyi Rock Tea

Felsentee kommt ausschliesslich aus den Wuyi-Bergen in der Provinz Fujian. Auf felsigem, mineralischem Boden gedeihen aussergewöhnliche Tees. Sie werden meist stark über Holzkohle geröstet, was sie lange haltbar macht. Auch der bereits erwähnte „Da Hong Pao“, die „Große Rote Robe“ gehört zu den Felsentees.

Tie Guan Yin | 铁观音 | Eiserne Göttin der Barmherzigkeit | Ti Kuan Yin

Dieser Oolong gehört zu den „grünen“, also leichter fermentierten Sorten. Seine Heimat ist Anxi in der Provinz Fujian. Wie alle Oolongs sollte er mehrmals aufgegossen werden, erst dann zeigt er all seine zahlreichen Facetten.
Er hat ein intensives gehaltvolles Aroma mit fruchtigen Noten und eine zart-gelbe Tassenfarbe.

Pu Er

Pu Er | 普洱 | Postfermentierter Tee | Pu'er, Pu Erh

Für westliche Teetrinker sehr ungewohnt ist diese Spezialität aus Yunnan: Erdig, streng, würzig, aber auch rund, weich, süßlich und schwarz wie Kaffee. Die Fermentation findet erst nach der Produktion statt, wenn der grüne Tee in seine charakteristische Kuchenform gepresst und in Reispapier eingeschlagen wurde. Er darf dann jahrelang ruhen, Mikroorganismen aus der Luft übernehmen die Arbeit der Reifung. Dies ist das klassische Herstellungsverfahren des „rohen Pu Er“, chinesisch „Sheng Cha“. Im Gegensatz dazu ist beim beschleunigten Verfahren der „reife Pu Er“ („Shou Cha“) durch feuchte Lagerung innerhalb weniger Monate trinkfertig.

Chinesischer Name | Chinesische Schriftzeichen | Deutscher Name bzw. Übersetzung | Weitere häufige Bezeichnungen

DIE AUTORINNEN

LI-HONG KOBLIN, Gründerin und Leiterin des Taiji-Instituts Freiburg, stammt aus Qingdao. Sie ist in einer Familie bekannter WuShu-Meister aufgewachsen. TCM, die traditionelle chinesische Medizin, und die chinesische Teekultur begleiteten sie von klein auf. Sie ist Schülerin des Taiji-Meisters HUANG Ming, der in Wudang lehrt, dem Ursprungsort des Taiji. Seit 2013 ist sie als Lehrerin für Yoga, Qigong und Taiji in Freiburg tätig.

SABINE H. WEBER-LOEWE, Tee-Sommellière und Inhaberin der TeeAkademieFreiburg, ist seit vielen Jahren in China unterwegs und hat dort ihre Leidenschaft für den chinesischen Tee entwickelt. In Seminaren gibt sie Kultur- und Business-Knowhow über China weiter. Sie ist Gründungsmitglied des China Forum Freiburg e.V. und Marketing-Managerin im Tourismus.

QUELLENVERZEICHNIS

Hu Hsiang-Fan / Marion Zerbst: Natürlich gesund durch grünen Tee, Georg Thieme Verlag, 1998
Heinrich Heine: Buch der Lieder, Verlag Philipp Reclam jun. Leipzig, 1978
Lu Yu: Cha Ching, Verlag Styria, 2002
Li Hong: Appreciating Chinese Tea, China Intercontinental Press, 2009
Luo Jialin: The China Tea Book, Earth Aware Editions, 2012
Peter Oppliger: Grüner Tee, AT Verlag, 2010
Kevin Gascoyne, Francois Marchand, Jasmin Desharnais, Hugo Américi: Tea, Firefly Books, 2014
Kakuzo Okakura: The Book of Tea, Fox Duffield & Co., 1906
Ling Yun: Tao of Chinese Tea, Shanghai Press & Publishing Development Company, 2009
Peter Rohrsen: Der Tee – Anbau, Sorten, Geschichte, C. H. Beck, 2013
Rainer Schmidt: Tee, Heyne, 1998
Sandy Taikyu Kuhn Shimu: Mit Buddha Tee trinken, Verlag Schirner, 2011
Sen Soshitsu: The Japanese Way of Tea, University of Hawaii Press, 1998
Yi Shou Ding: Chinese Tea Teaism, Anhui Bildungsverlag, 2011
Jian An Zhong: Chinesische Teegeschichte, Zentrale Medien Universität Verlag, 2013
Zhi Lin: 300 Fragen zur chinesischen Teezeremonie, Welt Bücher Verlag, 2015
Gang Cang Tian Xin: Das Teebuch, China Hua Qiao Press, 2015
Qing He Jing: Cha Xi Kui Mei, JiuZhou Verlag, 2015

Coverfoto: iStock, karandaev

Fotos auf Seiten 5, 6, 16, 19, 21, 22, 29, 38, 40, 45, 55, 57, 65, 66, 68, 70, 71, 78: Sabine H. Weber-Loewe;
Foto S. 78: Kai-Uwe Wudtke

Landkarten-Illustrationen auf Seiten 3 und 25:
Hermann Kienesberger, unter Verwendung von Agenturmaterial
S. 3: Fotolia, malachy120; S. 25: Fotolia, lesniewski

Kalligraphie auf Seite 53: Li-Hong Koblin

Agenturfotos:
S. 2: iStock, PhotoTalk; S. 10: Fotolia, alexeyborodin; S. 12: Fotolia, 昊 周;
S. 15: Shutterstock, Victor Jiang; S. 30: Shutterstock, Jackchen; S. 33: Shutterstock, Snowbelle;
S. 37: Fotolia, plprod; S. 43: Shutterstock, Ievgeniia Maslovska; S. 46: Fotolia, plprod;
S. 49: Shutterstock, patpitchaya; S. 61: Shutterstock, Alexander Mazurkevich;
S. 62: Shutterstock, Konstantin Kopachinsky

IMPRESSUM

Covergestaltung: Hermann Kienesberger
Auswahl der Fotos: Sabine Weber-Loewe
Layout, Grafiken und Satz: Hermann Kienesberger
Lektorat: Nora Frisch

Bibliografische Information der Deutschen Nationalbibliothek:
Die Deutsche Nationalbibliothek verzeichnet diese Publikation in der Deutsch Nationalbiografie;
detaillierte bibliografische Daten sind im Internet unter http://dnb.dnb.de abrufbar

Gedruckt in Deutschland
ISBN: 978-3-943314-37-3

Lieferbares Programm und weitere Informationen:
www.drachenhaus-verlag.com
www. facebook.com/drachenhaus